Mein Pilgerweg

Ein Tagebuch

AF285761

Manuel Kunze

Mit 17 Abbildungen

Originalausgabe
2.Auflage
© Manuel Kunze
Herstellung und Verlag: Books on Demand
GmbH, Norderstedt
ISBN-13: 978 38370565 70

Ich widme dieses Buch meinem Pilgerbruder Bernd
und allen Mitpilgerinnen und Mitpilgern,
die ich auf meinem Weg getroffen habe.

Ich danke meinen Kindern und meiner Frau
Erdmute, ohne deren Unterstützung dieses
Abenteuer nicht möglich gewesen wäre.

Vorwort

Im April 2005 habe ich mir einen lang gehegten Traum erfüllt und bin zu Fuß nach Santiago de Compostella gepilgert.
Wie kam es dazu? Der Grundstein wurde von Paulo Coelho, mit seinem Roman „Auf dem Jacobsweg" gelegt. Die darin beschriebenen Landschaften, Erlebnisse und inneren Prozesse, haben in mir einen großen Wunsch geweckt, so etwas auch einmal zu erleben. Doch an die Möglichkeit, selbst einmal auf dem Jacobsweg zu gehen, dachte ich damals noch nicht. Im Jahre 2000 erzählte mir Arnhild Ratsch von ihrer „verrückten Idee", zu Fuß nach Rom laufen zu wollen. Bei ihrer Arbeit im Kirchenarchiv hatte sie in alten Akten einen Bericht über die Pilgerreise eines Pfarrerssohnes gelesen. Er ist im 17. Jahrhundert zu Fuß von Tegkwitz, einem Dorf bei Altenburg, bis nach Rom und wieder zurück gelaufen. Davon war sie so fasziniert, das sie immer mehr darüber nachdachte, selbst einmal so eine Pilgerreise zu unternehmen. In dieser Vorbereitungsphase sprachen wir darüber und ich bestärkte sie sofort in ihrem Plan. Ich war ebenso begeistert und so hat mich der Pilgergedanke gepackt. In der Folgezeit habe ich immer mehr Informationen über das Pilgern gesammelt. Arnhild hat ihren Pilgerweg erfolgreich gemeistert und in der Folgezeit viele Vorträge gehalten und schließlich eine Buch darüber geschrieben.
(Siehe Literaturverzeichnis)
Im Weiteren las ich dann auch einiges über die Pilgertraditionen im Mittelalter. Ich erfuhr, das es drei wichtige Pilgerziele gab: Jerusalem, Rom und Santiago de Compostella. Die Pilger damals nahmen die Strapazen einer so langen und gefährlichen Wanderung natürlich nur auf sich, weil sie sich durch dieses fromme Werk ihren Sündenerlass sichern wollten. So konnte zum Beispiel ein Gericht einen Mann, der seine

Frau im Streit erschlagen hat, nicht zum Tode verurteilen, sondern zu einem Bußgang nach Santiago de Compostella verurteilen. Das kam damals fast einem Todesurteil gleich. Denn zu Fuß durch Deutschland, Frankreich und Spanien zu laufen und dann auch noch zurück, war mit tausend Gefahren verbunden. Das konnte ein Mensch nur mit der Hilfe Gottes überstehen. Es gab wenige Herbergen, in weiten teilen Frankreichs und Spaniens war damals Wildnis, in der Räuberbanden den Pilgern auflauerten und wo Raubtiere eine ständige Bedrohung waren. Und bei den damaligen hygienischen Umständen konnte schon eine entzündete Blase an der Zehe zu Blutvergiftung und Tod führen.

In der heutigen Zeit ist das Pilgern natürlich nicht mehr mit solchen Strapazen verbunden. Die meisten deutschen Pilger beginnen ihren Weg in dem kleinen Städtchen *Saint Jean Pied de Port*, am Fuße der Pyrenäen. Bis *Santiago de Compostella* sind es „nur" 800 Kilometer. Entlang des Weges gibt es preiswerte Herbergen, die meist von Freiwilligen betreut werden. Sie sind so angelegt, das sich jeder seine Tagesetappen selbst aussuchen kann. Nachdem ich diese Informationen aus Büchern und dem Internet gelesen hatte, wollte ich unbedingt auch auf dem Pilgerweg nach *Santiago de Compostella* laufen. Ich konnte meine Schwester Edita und ihren Freund Mario mit meinem Enthusiasmus anstecken.

So fuhren wir im Mai 2003 mit dem Zug nach Frankreich und begannen in *Saint Jean Pied de Port* unseren Pilgerweg. Unser Urlaub ermöglichte es uns, bis nach *Logroño* zu laufen. Hier mussten wir leider abbrechen und mit dem Zug zurück fahren. Wir planten dann, dass wir 2005 den nächsten Abschnitt weitergehen wollten.

Je näher die Zeit rückte, umso bedrückender war mir der Gedanke, dass ich auf diese Weise nie diese intensive Pilgererfahrung machen könnte, von der ich so oft gelesen hatte. Es würde immer nur eine schöne Urlaubswanderung sein. So nahm nach und nach der Gedanke Gestalt an, den Weg diesmal bis zu Ende zu gehen. Irgendwann sagte ich mir, wenn mir mein

Arbeitgeber fünf Wochen Urlaub gewährt, dann soll es so sein, dann werde ich den Weg gehen.

Und so kam es auch. Ich bekam den Urlaub, meine Kolleginnen unterstützen das Projekt und meine beiden Mitpilger waren auch einverstanden. Denn das bedeutet für sie, dass sie die nächsten Etappen ohne mich gehen müssen. Auch meine Familie, besonders meine Frau Erdmute unterstützen mich bei der Vorbereitung und natürlich auch später, da der Alltag Zuhause ja auch ohne mich gemeistert werden musste.

Nach vielen Vorbereitungen und Formalitäten war es dann endlich soweit!

So fuhren wir diesmal mit dem Auto nach *Logroño*, ließen es dort zurück und begaben uns wieder auf den Weg. Nach zehn Tagen, in *Burgos* war dann der Tag der Trennung gekommen. Nun ging ich alleine weiter.

Dank einiger Wunder bin ich wohlbehalten in Santiago de Compostella angekommen. Und ich habe keinen Meter bereut.

Die Etappen 2003

Datum		Etappe	
1.	27.04.	Altenburg- Paris	
2.	28.04.	Paris – Saint Jean Pied de Port	
3.	29.04.	Saint Jean Pied de Port – Roncesvalles	27 Km
4.	30.04.	Roncesvalles – Zubiri	23Km
5.	01.05.	Zubiri - Pamplona	22Km
6.	02.05.	Pamplona	
7.	03.05.	Pamplona – Puente la Reina	27Km
8.	04.05.	Puente la Reina – Estella	23Km
9.	05.05.	Estella – Los Arcos	23Km
10.	06.05.	Los Arcos – Viana	19Km
11.	07.05.	Viana – Logrono	10Km
12.	08.05.	Logrono – Paris	
13.	09.05.	Paris - Altenburg	

1.Tag, 27.04.2003

Heute wollen wir nun endlich unseren lang geplanten Pilgerweg beginnen. Dazu gehört erst eine lange Anfahrt mit der Bahn. Wir fahren über Frankfurt/Main, Paris nach Bayonne, weiter bis nach Saint Jean Pied de Port, am Fuße der Pyrenäen. Ab hier beginnt eine der großen Pilgerrouten, der Camino Frances.

Mein ältester Sohn Lukas hat heute seinen Geburtstag- er wird 18! Als alle auf dem Hof beim schönsten Feiern sind machen sich die drei angehenden Pilger Mario, meine Schwester Edita und Manuel auf den Weg. Wir werden von meiner Familie herzlich verabschiedet und gehen dann, zum ersten Mal mit unseren Pilgerstöcken, zum Bahnhof. Unser Zug fährt 17.53 Uhr ab Altenburg. In Leipzig haben wir noch eine ganz besondere Begegnung. Als wir mit unseren Pilgerstäben und den Muscheln an den Rucksäcken, über den Querbahnsteig laufen, spricht uns ein junger Mann an. Er fragt uns ob wir Pilger seien. An unserer Ausrüstung hat er uns erkannt. Denn die Muschel ist schon seit dem Mittelalter das Abzeichen der Pilger nach Santiago de Compostella. Hier kann Edita gleich ihre spanischen Sprachkenntnisse erproben. Der junge Mann ist aus Spanien und studiert hier in Leipzig. Natürlich wünscht er uns „Bon Camino!", Guten Weg. Hier hören wir zuerst den alten Pilgergruß, der uns noch so oft entgegen klingen wird.
Nach einem kurzen Aufenthalt in Leipzig, fahren wir mit dem ICE nach Frankfurt am Main. Hier steigen wir in den Euro – Night, nach Paris - Este. Hinter der Grenze finden wir ein Abteil für uns. Daher können wir die Nacht im Liegen verbringen.

Gegen 6.00 am nächsten Morgen erwachen wir zerknittert. Nach einer kleinen Katzenwäsche, fahren wir noch eine Stunde bis Paris. Hier müssen wir in die Metro steigen und nach dem Bahnhof *Paris - Montparnasse* fahren. Das dauert etwa eine halbe Stunde. Auf dem Bahnhof suchen wir uns einen Platz in einem Wartesaal und kaufen uns dann Kaffe und Baguette als Frühstück. Pünktlich 10.10 Uhr verlässt dann der TGV den Bahnhof. Ich habe erst Ruhe die Fahrt zu genießen, als die Fahrkartenkontrolle vorbei ist. Da ich mit Freifahrt unterwegs bin, befürchte ich, dass ich so wie in Deutschland, keinen Anspruch auf eine Platzkarte habe. Aber das ist hier kein Problem. Wir fahren nun fast sechs Stunden durch Frankreich. Ich bin erstaunt, dass die Landschaft hier so flach ist. Nur mal leichtes Hügelland. Immer wieder tauchen kleine Dörfer und Städtchen auf. In kleinen Dörfern sehe ich auch einige alte Schlösser, von alten Parkbäumen umgeben, die mir sehr gefallen.
Die Fahrt ist nicht zu ermüdend für mich, da es immer wieder neue Landschaften und Orte zu sehen gibt. Und da ich ja gerne mit dem Zug fahre, ist es mir nicht langweilig.

In *Bayonne*, an der Atlantikküste angekommen, beeilten wir uns mit dem Umsteigen. Den Bahnsteig brauchten wir hier nicht lange zu suchen. Denn mit uns eilen noch andere Pilger, kenntlich an der Muschel auf dem Rucksack und den Pilgerstöcken, zum Zug. Wir steigen in einen Triebwagen älterer Bauart und kaum auf unseren Plätzen, geht die Fahrt schon los! Jetzt beginnt ein landschaftlich sehr schöner Abschnitt, denn der Triebwagen quält sich durch viele Kurven, über Brücken und durch Tunnels hoch in die Pyrenäen. Wir genießen die Fahrt und steigen nach etwa einer Stunde *in Saint Jean Pied de Port* aus.
Hier habe ich mein erstes Missgeschick! Eine Öse am Träger meines Rucksackes hat sich gelöst und ist nicht mehr zu finden. Nach einigen Momenten der Ratlosigkeit, schweift mein Blick suchend über den

Bahnsteig. Da sehe ich in den Resten einer kleinen Feuerstelle noch Draht. Da er sich als Haltbar herausstellt, flicke ich meinen Rucksack damit- so gut, dass der Draht jetzt noch dran ist! Dann gehen wir hinein in die kleine Stadt.

Nachdem wir eine breite Straße überquert haben, gehen wir durch die alte Stadtmauer, in die Altstadt. Hier sind alle Häuser liebevoll restauriert. Hinter einigen andren Pilgern, gelangen wir so, schnell zu Herberge. Hier erfahren wir, dass wir erst einige Häuser zurückgehen müssen, um uns im Pilgerbüro anzumelden. Es ist in einem der alten Häuser untergebracht. Wir warten in einem Raum mit Kamin und Balkendecke. Die Wände sind voller Bilder und Informationen über die bevorstehende Etappe. Nachdem wir an der Reihe sind, werden unsere Namen eingetragen und es wird uns der Pilgerpass ausgestellt. Dann bekommt jeder ein Kärtchen mit der Bettnummer.

In unserem Zimmer sind 4 Doppelstockbetten untergebracht. Vier Italienerinnen, die wir schon beim Warten gesehen haben, sind schon mit auspacken beschäftigt. Ich habe Glück und kann das untere Bett benutzen.

Jetzt haben wir Zeit und Gelegenheit - also schnell zur einzigen Dusche! Ich bin nach Edita dran und schon nach kurzer Zeit habe ich nur noch kaltes Wasser. Da heute aber so ein heißer Tag ist, bin ich darüber nicht böse! Anschließend machen wir noch einen kleinen Rundgang durch den Ort und besorgen uns Verpflegung für das Abendbrot und den folgenden Tag. Danach haben wir noch Zeit um zur Zitadelle hoch zu steigen. Das ist ein imposanter Bau aus der Zeit Ludwig des 14. Leider ist das Hauptgebäude schon geschlossen. Aber der Blick von den Wällen auf die Stadt, mit ihrer gut erhaltenen Stadtmauer, auf die kleinen Häuser mit den ziegelgedeckten Dächern und in die romantischen Innenhöfe, entschädigt uns voll.

Zurück in der Herberge finden wir einen schönen Platz an der Rückseite des Hauses. Hier ist ein kleiner Garten, der an die Stadtmauer grenzt. Mit Blick auf die umliegenden Berge machen wir ein schönes Abendbrot. Unsere erste Nacht als Pilger verbringen wir in einem Zimmer mit drei Doppelstockbetten. Mit uns schlafen zwei Italienerinnen und eine Deutsche. Wir werden ihnen später noch mehrmals Begegnen. In der Nacht werden wir durch die schlagenden Fensterläden geweckt. Sturm hat sich erhoben und denn gibt es ein Gewitter. Doch nach dem Schließen der Fenster schlafen alle gut und fest.

Wir werden gegen sechs Uhr von heftigem Rascheln geweckt. Die Italienerinnen sind beim Packen. Obwohl sie sich Mühe geben, ist an Schlaf nicht mehr zu denken. So lassen wir uns anstecken und beginne auch zu packen. Wir haben heute eine sehr lange und anstrengende Etappe vor uns. Daher gehen wir gleich ohne Frühstück los. Selbst auf Kaffe mussten wir verzichten, da wir den Gasherd in der Küche nicht zum Brennen brachten. Gegenüber der Herberge, befindet sich in einer alten Steinmauer ein Brunnen mit Trinkwasser. Natürlich füllen wir hier unsere Wasserflaschen. Wir gehen jetzt bergab, durch die alten Gassen, vorbei an der romanischen Pilgerkirche und durch das Stadttor. Dahinter befindet sich eine Bogenbrücke über den Rio Arga. Hier wissen wir noch nicht, dass dieser Fluss unser treuer Begleiter werden wird. Sofort hinter der Brücke geht es Bergauf und das wird den Rest des Tages so weitergehen!

Wir steigen auf Asphaltsraßen stetig höher in die Ausläufer der Pyrenäen. Durch kleine Dörfer, entlang an Schafweiden, durch kleine Wäldchen. Die Luft ist feucht und kühl, nach dem Gewitter der letzten Nacht. Je höher wir kommen, umso nebliger wird es .Zwischendurch Regnet es mal kurz.

Der Nebel wird an einigen Stellen sehr dicht. Wir gehen nun über karges Land, nur mit einer Art Heidekraut bewachsen. Und plötzlich lichtet sich der Nebel- und wir sehen, dass wir uns über den Wolken befinden! Das ist der Richtige Moment um eine Rast einzulegen. Da hier Oben schon ein ziemlich kalter Wind weht, ziehen wir unsere Regenjacken über.

Jetzt gehen wir durch Grasland. An vielen Stellen hören wir Glöckchen, sehen aber keine Schafe. Dann erkennen wir den waren Sachverhalt; es sind Gruppen von halbwilden Stuten mit ihren Fohlen. Die Stuten haben jede eine Kuhglocke um den Hals. Es ist ein faszinierender Anblick, diese schönen Tiere so in dieser weiten Landschaft zu beobachten. Ab und zu sehen wir Drahtzäune, welche querfeldein über Berg und Tal verlaufen. So sparen sie sich also die Cowboys! Auch durch Eichen- Buchen Mischwald führt uns der Weg, der sich nun in eine gute Schotterpiste gewandelt hat. Weit oben, an der Rolandsquelle halten wir die nächste Rast. Hier weht ein sehr starker Wind. Als ich einem Mitpilger seine Wasserflasche nachbringe, weht es mir die Isomatte davon! Beim Nachsetzen stolpere ich und stürze. Doch ich rolle mich ab und bin gleich wieder auf den Beinen. Nur eine Schramme am Knie. Noch mal Glück gehabt! Dita versorgt die Wunde mit einer Kompresse und Johanniskrautöl. Nun gehen wir weiter und weiter Bergauf. Der Wind pfeift immer mehr und die Sonne brennt immer stärker. Nach einer Biegung der Straße, sehen wir auf einer kleinen Wiese eine Bergquelle! Das ist ein willkommener Platz für eine Rast. Hier ist etwas Windschatten und so legen wir uns nach einem kleinen Imbiss noch etwas in die Sonne. Ab hier geht es nun immer weiter bergauf. Erst vorbei an kahlen Wiesen, durch die sich einzelne Kalksteinfelsen drängen. Dann weiter über lang gezogene Weiden. Irgendwo in der Einsamkeit des Weges ereilt mich erneut das Schicksal! Gerade will ich mir mein Basecap fester auf den Kopf ziehen, da der Wind so stürmisch bläst, da reißt der Stoff gleich hinter dem Schild ein! Die Mütze ist nicht mehr zu gebrauchen. So gehe ich ohne weiter und hoffe, irgendwo eine Gelegenheit zu finden, um mir eine neute kaufen zu können.

Der Weg windet sich in lang gezogenen Kurven. Hinter jeder Biegung hoffe ich, nun den Abstieg zu entdecken. Als ich denke, nach dieser Kehre kommt bestimmt nur wieder die Nächste, liegt vor uns eine unendliche Ebene. Spanien!

Nach kurzer Rast in pfeifendem Wind machen wir uns an den steilen Abstieg. Noch über eine Stunde sind wir auf Schotterpiste unterwegs. Wir kommen an der Kapelle zum Gedächtnis an den Kampf Rolands mit den Mauren vorbei. Das ist einer der Berühmtesten Orte am Jacobsweg und in

der Geschichte Spaniens. Wir sind aber fast am Ende unserer Kräfte und streben nun durch schönen Mischwald dem Kloster *Rocesvalles* zu. Hier gehen wir durch ein Tor in einen Innenhof. An einem Haus lesen wir etwas von *Alberge* (Herberge) .Wir gehen hinein und setzen unsere Rucksäcke ab. Geschafft! Die erste Etappe liegt hinter uns. Wir melden uns an und bekommen ein Zimmer im dritten Stock gezeigt. Nach dem Duschen gehe ich noch in die alte, romanische Abteikirche zur Pilgermesse. Es sind etwa 70 Menschen anwesend. Die Messe wird von zwei Mönchen in Spanisch gelesen. Doch weil ich weiß, was an dieser Stelle der Liturgie gelesen wird, kann ich dem Ablauf ganz gut folgen und Vaterunser und Glaubensbekenntnis in Deutsch mitsprechen. Der Segen wird in den verschiedensten Sprachen erteilt. Anschließend gehen wir noch in ein kleines Restaurant, außerhalb des Klosters und erhalten noch ein Pilgermenü: Vorsuppe, Forelle mit Pommes frites und als Nachtisch Pudding mit Karamellcreme. Dazu eine Flasche Weißwein für uns drei. Wir sind zufrieden. Am Nachbartisch unterhält man sich in gepflegtem Englisch. Es sind zwei Ehepaare, so um die Sechzig. Diese vier Pilger werden wir bis zum Ende unseres Weges immer mal wieder treffen. Wir nenne sie die Briten.

So gehen wir dann müde und mit unserer Leistung zufrieden zurück in unsere Betten.

In aller Frühe werden wir durch Packgeräusche der holländischen Radpilger geweckt, die wir am Abend noch kurz kennen gelernt hatten. Wir drehen uns um und versuchen noch etwas zu schlafen, da es erst ab 9.00 Uhr Frühstück gibt. Nebenbei haben wir bemerkt, dass wir in einer Jugendherberge eingecheckt haben! Die „richtige" Pilgerherberge liegt etwas außerhalb der Klosters. Das ist ein uraltes, romanisches Gebäude, das von Außen an einen großen Stall erinnert. Eine deutsche Pilgerin, die wir Unterwergs kennen lernten sagte uns, dass es im inneren auch so riechen würde. Es ist ein einziger, großer Saal, in dem bis zu 90 Leute Übernachten können. (Ich sprach ein stilles Dankgebet!) Gegen halb neun stellte uns der freundliche Koch unser Frühstück in den Speisesaal. (Kaffee, wenig- warme Milch, viel-Kakaopulver, sehr viel!) Dazu zwei Scheiben Weißbrot und ein Gebäckstück, eine Magdalena für jeden. Während des Essens beginnt es zu Regnen. Doch als wir mit Packen fertig sind, hört auch der Regen auf.

Wir verlassen das Kloster und gehen auf einem schönen Waldweg auf dem *Camino* weiter. Doch schon bald müssen wir die Regenjacken überziehen. Es wird kühl und der Wind treibt Regenschauer über das Land. An diesem Tag wird das Wetter so bleiben, Wechsel von Schauern und Sonnenschein. Im Nächsten Ort machen wir eine kurze Rast um uns mit Verpflegung zu versorgen. Dann gehen wir weiter, erst an Rinderställen entlang, dann durch Felder, später in Hügelland hinein, das durchzogen wird von vielen kleinen Bächen. Bald steigt der Weg aber wieder bergan und führt uns wieder durch Mischwald. Auf einer Anhöhe, als die Sonne mal wieder scheint, rasten wir mit Blick auf die

Höhenzüge der Pyrenäen. Wir können unseren bisherigen Weg, vorn Pass über *Roncesvalles* bis hierher, überblicken. Nach der Durchquerung eines schönen, alten Buchenwaldes, beginnt eine schwierige Etappe. Vom Regen ist der Boden sehr aufgeweicht und wir laufen bergab, wie auf Schmierseife. Hier sind wir zum ersten Mal dankbar für unsere Pilgerstöcke! Immer weiter, durch Wald, an steilen Hängen entlang und über einen Pass, gehen wir weiter in Richtung *Zubiri*. Wir kommen durch viele kleine, sehr gut gepflegte Dörfer. Die Häuser sind groß und aus Stein gebaut. An den Torbogen und an den Mauerecken kann man schön behauene Steine sehen. Die Häuser machen mit ihren flachwinkligen Dächern und den Fensterläden den Eindruck, als stünden sie in Tirol.

Hier einem dieser Dörfer machen wir Mittagsrast vor einer kleinen Bar. Die Sonne brennt sehr stark und wir cremen uns zum ersten Mal ein. Langsam aber stetig steigt unser Weg immer mehr in die Höhe. Wir gehen durch schönen Mischwald, der auf großen Strecken in reinen Nadelwald übergeht. An einigen Stellen haben wir den Eindruck, zuhause im Thüringer Wald zu sein.

Auf der Passhöhe sehen wir eine uralte Pilgerherberge. Sie wird schon lange als Schafstall benutzt. Wir gehen hinein und sehen uns um. Die Decke ist aus großen Eichenbalken gebaut, ebenso die hölzernen Stützen. Es wirkt wie im Bauch eines Segelschiffes. Der Boden ist dick mit Mist und Stroh bedeckt. Gerade darum denken wir, so könnte es im Mittclalter auch hier ausgesehen haben! Am meisten beeindruckte uns die ausgetretene Steinschwelle am Eingang. Tausende von Pilgerfüßen sind hier drüber gegangen.
Der nun folgende Abstieg ist lang und beschwerlich, denn der Weg wechselt immer wieder zwischen Waldweg, Feldweg, Schlammpiste und Geröllhalde. Nach einigen Pausen kommen wir endlich gegen 18.00 Uhr an den Ort *Zubiri*. Wir gehen über die

sehr gut erhaltene, mittelalterliche Steinbrücke, die fast ganz von Efeu überwachsen ist. Auf der anderen Seite beginnt der kleine Ort. An einem schönen Brunnen erfrischen wir uns und trinken uns satt. Dann sind es nur noch fünf Minuten bis zur Herberge. Geschafft!!! Die Herberge ist eine kurzem neu renoviert wurde. Natürlich gleich unter die Dusche! Auch hier gehen Mario und Dita noch Einkaufen, da sie nun mal Spanisch gelernt hat.

5. Tag 01.Mai

Nach festem, gutem Schlaf sind wir gegen 7.30 Uhr Erwacht. Da es im Schlafsaal sehr eng ist, warten wir, bis sich der erste Schwung der Pilger auf den Weg gemacht hat. Wir lassen uns Zeit und bereiten uns auf dem Campingkocher von Edita einen Kaffee. Dabei haben wir das Problem, das sie den Bügelaufsatz für den Campingkocher vergessen hat. So suchen wir, bis Edita zwei flache Steine findet, die wir gut benutzen können. Zwei britische Pilger, ein älteres Ehepaar, beobachten uns und loben unsere gute Organisation. Wir fühlen uns geehrt und genießen unseren Morgenkaffee!
Nach dem Packen gehen wir wieder über die alte Brücke und nun weiter auf dem Camino. Das ist spanisch und bedeutet Weg oder Pilgerweg. Es ist ein wolkenloser Morgen, kühl und frisch. Nach etwa einem Kilometer bemerkt Edita, dass sie ihre Pilgermuschel in der Herberge vergessen hat! Es fällt ihr ein, dass sie die Pilgermuschel an ihrem Bettgestell befestigt hatte. Da sie sich noch ausgeruht fühlt, läuft sie schnell zurück um ihre Muschel zu suchen. Also machen wir zwei Männer,

eine schöne Rast und Dita findet tatsächlich ihre Muschel wieder.

Nun geht es aber mit neuem Schwung weiter. Zuerst an einer großen Fabrik und dann an einem Magnesia - Tagebau vorbei. Das ist eine trostlose Gegend und wir kommen uns vor wie auf einer riesigen Baustelle. So sind wir froh, als es wieder in die Berge und in schöne, grüne Wälder geht. Wir kommen durch kleine Dörfer mit großen, Steinhäusern. Unterwegs können wir unsere Wasserflaschen an einer schönen, alten Quelle füllen. Das Wasser sprudelt direkt neben der Straße in einen uralten Steintrog, neben dem sich links und rechts lange Steinbänke befinden. Uralter Efeu überschattet den Platz. Auch die Mauern ringsum sind dicht mit Efeu bewachsen. Hier kann man in Gedanken die Generationen von Pilgern sehen, wie sie ihre Wasserflaschen gefüllt haben und sich auf den Steinbänken ausruhten.

Jetzt beginnt der Weg stetig bergab zu gehen und wir kommen durch dichter bebaute Gegenden. Kurz vor einem Dorf rasten wir am Fluss, neben einer Steinbrücke. Als wir mit dem Mittagessen fertig sind kommen auch noch zwei spanische Familien und beginnen ebenfalls mit Picknick. Währen unserer Rast überquerten „die Briten" die Brücke und grüßten uns. Auf unserem weiteren Weg, immer entlang dem *Rio Arga,* überholten wir unsererseits wieder die britischen Pilger! Das sind so die typischen Begegnungen am Wegesrand unter Pilgergenossen.

Der Weg steigt nun langsam wieder in Hügelland und wir entfernen uns vom Fluss. Die Gegend wird jetzt wieder karger, vereinzelte Gärten mit Obstbäumen säumen den Weg.

An den Gartenanlagen und Wochenendhäuschen können wir schon die Nähe zur Großstadt erkennen. Nachdem wir eine Autobahn unterquert haben und über einen letzten kleinen Berg gestiegen sind, geht es Bergab und wir erreichen ein kleines, altes Kloster, direkt am *Rio Arga.* Hier sind wir schon am Ortsrand von Pamplona. Da die Herberge neben dem Kloster noch geschlossen ist, gehen wir also weiter.

Jetzt kommen wir durch die Vororte von *Pamplona.* Die Straßen werden immer städtischer und die Häuser immer höher. In einer kleinen Bar am Straßenrand gönnen wir uns eine Rast und ein (für uns verspätetes) Mittagessen. Die Sonne ist wieder durchgebrochen und so gehen wir bei starker Hitze weiter. Durch eine großzügige Parkanlage. Das ist ein Umweg, weil hier umfangreiche Bauarbeiten im Gange sind. So gehen wir in großer Sonneglut, in weitem Bogen auf die Stadt zu. Hier ist es eher ländlich und wir gehen durch Gärtnereien. So haben wir aber Gelegenheit, die Stadtmauern der Altstadt von Pamplona zu bewundern.Je näher wir kommen, um so deutlicher sehen wir, das die Stadt früher mal eine richtige Festung war. Wir gehen durch den ehemaligen Wallgraben, zur Linken bestimmt 20 Meter hohe, steile Mauern und zur Rechten weniger hohe Mauern, die mit Gras bewachsen sind. Das alles sind Reste eines gigantischen Verteidigungssystems, aus dem 17. Jahrhundert.

So kommen wir bis zur alten Pilgerbrücke *Magdalena.* Neben der Brücke steht ein mittelalterliches Pilgerkreuz, wie wir von nun an noch einige sehen werden. Wir gehen an den sehr hohen Festungsmauern entlang und dann durch ein altes Tor in die Altstadt. Den gelben Pfeilen forlgend, gehen wir auf kürzestem Wege zur Pilgerherberge. Sie ist über einer Kirche, also auf deren Dachboden untergebracht. Wir steigen mit unseren Rücksäcken eine schmale Wendeltreppe hinauf, - um dort zu erfahren, dass hier alles belegt ist. Aber wir erhalten Adressen für Ausweichquartiere. So machen wir uns noch mal auf die Socken, durchqueren die Altstadt und finden auch wirklich die kleine Straße. Neben einer Bar. Im ersten Stock erhalten wir, von einer würdigen, alten Dame unter viel gestikulieren und reden, die Zimmerschlüssel. Wir müssen auf die andere Straßenseite, ein Wohnhaus aufschließen und in den vierten Stock klettern. Dort haben wir ein Dreibettzimmer, mit winzigem Balkon zur Straße. Ich bin überwältigt. Da sind wir hier in der Altstadt von Pamplona und sind untergebracht wie die Einwohner dieser Stadt. Mitten drin!

Das merken wir gegen Mittemacht, als die Straßengeräusche uns nicht Schlafen lassen. Ständig gehen die Türen der Bars auf, laute Musik dringt heraus, auf den Gassen wird gelacht und gesungen. Es ist eine ständige Geräuschkulisse.

Erst als ich mir meine mitgebrachten Ohrenstöpsel in die Ohren stecke, falle ich in Schlaf.

Das letzte, was ich denke, ist: „Die spinnen, die Iberer...!"

(frei nach Obelix.)

6. Tag 2.Mai

Trotz der lauten Nacht erwachen wir ausgeschlafen. Heute ist der 40. Geburtstag von Mitpilger Mario! Das bedeutet einen Ruhetag. Wir wollen *Pamplona* erforschen und am Abend ein Geburtstagsessen genießen. Aber erst mal gehen wir in eine der vielen kleinen Bars in der Nähe und machen Frühstück. Es ist wieder sehr karg, also normal für Spanien. Danach bummeln wir durch die engen Gassen der Altstadt. Währenddessen wollen wir noch nach Läden Ausschau halten, denn wir brauchen Postkarten, Briefmarken, Natron gegen Sodbrennen und eine neue Mütze für mich.

21

Pamplona ist wirklich eine beeindruckende Großstadt, in der sich Alt und Neu sehr gut ergänzen und ineinander übergehen. Das Wetter meint es auch gut mit uns und so sind die Straßen sind voller Menschen. Nach einigem hin und her bekommen wir auch alles, was wir wollten. Unser Mittagessen machen wir auf der *Plaza de la San Franzisko*. Das ist einer der vielen Plätze in der Altstadt. Hier steht auf einer Seite ein schönes Denkmal des Hl. Franziskus, der ja auch auf seinem Pilgerweg nach Santiago hier durchgelaufen ist. Historischer Boden! Am Nachmittag besichtigen wir die große Kathedrale. Im Inneren erinnert sie mich an den Magdeburger Dom. So hoch und groß ist der überwölbte Raum! Die Kirche ist in einer reinen Gotik erbaut und nicht so sehr verändert und verbaut worden.

Am meisten sind wir von den nummerierten Grabstätten unter unseren Füßen beeindruckt. Das hatten wir schon in einer anderen Kirche gesehen, nur waren dort die Grabdeckel aus dunklem Holz und ganz blank, von den vielen Füßen, die darüber hinweggegangen sind.

Über den Gewölben des Kreuzganges ist noch eine Etage, mit einer überdachten Loggia. Diese diente im Mittelalter auch für die Beherbergung der vielen Pilger. Natürlich nur in der warmen Jahreszeit. Im Dom-Museum gibt es viele frühmittelalterliche Plastiken und andere Kunstgegenstände zu sehen. Beeindruckend ist auch die ehemalige Küche. Das ist ein großer Raum, dessen Decke praktisch ein einziger, hoher Kamin ist! Sie verjüngt sich nach oben und ist bis zur Spitze mit der Rauchöffnung, sicher 15 Meter hoch. Die Akustik hier ist beeindruckend. Ich singe einige Strophen des Taize-Liedes: „Laudate omnes gentes" - und genieße es.

Auf unserem weiteren Rundgang kommen wir auch zur berühmten *Plaza del Toro*, der Stierkampfarena. Das ist ein großer, runder Jugendstil- Bau und erinnert an alte römische Arenen. Hier findet jedes Jahr das „*San Fermin*" Festival statt. Das ist dieser

Wahnsinn, bei dem sich zu Ehren des Stadtheiligen, junge Männer von wilden Stieren durch die engen Gassen der Altstadt jagen lassen. Wir gehen lieber in unsere Unterkunft und machen uns frisch für den Abend.

Es soll ja heute noch ein Festmahl zu ehren von Marios 40. Geburtstag geben. Das Problem: in Spanien wird erst ab 21.00 Uhr warmes Essen serviert. Das erste Restaurant ist noch geschlossen, im nächsten sind Bedienung und die Karte nicht gut. Also, erst mal auf die *Plaza Major*. (Bei uns wäre das der Markt) Der riesige Platz ist umgeben von großen Häusern, in deren Untergeschoss breite Arkaden sind.

Hier befinden sich viele Geschäfte, Bars und Restaurants. Überall sind Tische und Stühle aufgestellt und laden die Vorübergehenden zum Verweilen ein. Also setzen wir uns an einen Tisch einer der vielen Bars und trinken ein Bierchen.

Wir machen es wie die Einheimischen - *Tapas* essen und nach den Leuten gucken. Dann kommen wir doch noch an einem Restaurant vorbei, das uns zusagt. Es ist ein alter, sehr großer Bürgersaal im Stile des letzten Jahrhunderts. Die Wände sind mit großen Spiegeln verkleidet und dazwischen ist alles Stuck und Marmor. Die Decke wird von gusseisernen Säulen getragen. Und der Raum ist vom Licht der vielen Kronleuchter erhellt. Hier fühlen wir uns sofort wohl. Nachdem wir uns gesetzt haben, gehören wir dazu. Wir fühlen uns wie Einheimische. Da es immer noch nicht 21.00 Uhr ist, bestellen wir einen Aperitif und beobachten das Treiben. Der riesige Raum ist höchstens zu einem drittel gefüllt. An einem Großen Tisch in der Ecke spielen einige Frauen Karten. An der Bar treffen sich nach und nach Gruppen und Familien, die hier den Abend verbringen wollen. Und es kommen auch Familien mit Kinderwagen und Kleinkindern! Je später der Abend umso mehr füllt sich das Lokal.

Das Essen ist dann auch sehr gut. Als Vorspeise nehmen wir wieder Tapas, das sind kleine Happen, verschiedener Art, meist sauer und mit viel Olivenöl. Ich nehme kleine Fischhappen, die

23

schmecken wie Sardellen. Dann gibt es Lammbraten und als Nachspeise Zitronensorbet. Dazu trinken wir einen guten, trockenen Rioja.
Satt und zufrieden verlassen wir das Lokal schlendern durch die belebten Gassen und fallen müde in die Betten. Was für ein Pilgerleben!!!

7. Tag, 3. Mai

Heute stehen wir früh auf, denn jetzt beginnt wieder das Pilgern und wir haben eine lange und beschwerliche Etappe vor uns. Der Morgen ist empfindlich kühl und daher schreiten wir schnell aus. Vorbei an modernen Häusern Straßen und Hochhäusern kommen wir schnell in die Vororte. Wir sehen wieder ein Pilgerkreuz. Nachdem wir eine Schnellstraße überquert haben, verlassen wir das Stadtgebiet. Hier reihen sich kleine Gewerbebetriebe, Lagehallen und Gärten aneinander. Die Sonne scheint heute den ganzen Tag, denn es ist wolkenlos. Nachdem wir eine Eigenheimsiedlung verlassen haben geht es ein kurzes Stück über Felder und dann erreichen wir die nächste Ortschaft. Die Pilgerherberge lassen wir auf einem Hügel links liegen und setzen uns in einer kleinen Parkanlage auf Bänken zum Frühstück nieder. Auch hier werden wir ständig von Mitpilgern überholt und es erschallt oft der Pilgergruß „*Bon Camino*!"

Der Weg steigt ständig, gleichmäßig an. In der Ferne sehen wir immer unser nächstes Etappenziel vor uns, den Höhenzug, über den wir wollen. Die Gipfel sind mit über 40 Windkraftanlagen bestückt. Wir müssen an *Don Quichote* denken.   Auf halber Höhe rasten wir in einem kleinen Dorf, vor der Kirche. Dort ist eine Wasserstelle, die alle Pilger wie magisch anzieht. Auch wir erfrischen uns und füllen unsere Flaschen mit dem wohlschmeckenden Wasser. Zu unsrem Glück hat irgendjemand eine Frau geholt, welche die Kirche aufschließt. Wir sind sehr beeindruckt von dem Raumeindruck. Von Außen doch eher unscheinbar, ist diese romanische Kirche innen ein wahres Kleinod! Sie ist vollständig überwölbt und verziert mit den besten Steinmetzarbeiten der damaligen Zeit. Wir setzen uns in die Bänke und ich lasse den Raum lange auf mich wirken. Auch hier muss ich wieder an die vielen Pilger vor mir denken, die sicher ebenso wie ich, in diesem Raum Ruhe und Entspannung gefunden haben.
Hinter dem Dorf steigt der Weg steil an und wir gehen durch Heideland, das mit
einer Ginsterart bewachsen ist. Welcher Duft! Kurz vor der Passhöhe, *El Perdon*,
laufen wir direkt unter den Windrädern vorbei und hören das sausende
Geräusch der Flügel. Dann ist es endlich geschafft! Wir treten auf eine Hochfläche und kühler Wind empfängt uns.

Nachdem wir unsere Rucksäcke abgesetzt haben ziehen wir uns gleich die Jacken über, denn der Wind hier ist sehr kühl. Wir rasten am Sockel eines Denkmals, das hier zur Erinnerung an eine alte Pilgerherberge steht.
Bemerkenswert ist noch ein Caravan, vor dem ein gut gebauter, älterer Mann steht und mit lauter Stimme jedem Pilger für einen Euro einen Topf warmen Kaffee anbietet! Dazu kann man sich auch eine Büchse Fanta, Cola oder Sprite kaufen.

Außerdem hat er für jeden Pilger eine Notmedizin und ein gutes Wort.

Später erfahren wir noch mehr über ihn. Er ist Engländer, der jedes Jahr von Frühling bis Herbst mit seinem Caravan die verschiedenen Pilgerwege anfährt. Auf den Etappen, wo lange kein Ort oder keine Herberge ist, versieht er den Dienst der alten Ritter. Diese hatten gelobt dem Schutz der Pilger zu dienen. Und das macht er jetzt.

Wir werden ihn noch mehrmals treffen. Ich genieße eine Büchse Sprite und den wunderbaren Blick von dieser Höhe. In unserem Rücken können wir im Dunst die Pyrenäen erkennen und fast unseren bisherigen Weg überblicken. Vor uns liegt eine weite Ebene, welche die Stationen unseres weiteren Weges zeigt. Auch hier sehen wir weit am Horizont einen Höhenzug, den wir aber erst bei einer späteren Pilgerwanderung überschreiten werden. Dann hören wir Bimmeln und Blöken und eine Schafherde zieht gemächlich über den Pass! Das nehmen wir zum Anlass, um auch aufzubrechen und unseren Weg fortzusetzen. Der Himmel ist blau, kaum ein Wölkchen zu sehen und die Sonne brennt nun schon stark.

Jetzt steigen wir lange Zeit, steil bergab. Der Weg ist hier fast überall
bedeckt mit Schotter und Geröll und die Landschaft ist karg und trocken. Die einzigen Bäume sind kleine Oliven und Pfirsichbäume. Im Tal geht es dann auf alten Feldwegen, immer auf und ab.

Im dritten Dorf ist der Abzweig nach der Kapelle *Eunate*. Diese alte romanische Kirche soll von den Templern erbaut worden sein. Das interessiert uns natürlich sehr. Daher nehmen wir den Umweg in Kauf und zweigen hier vom Hauptweg ab. Unter glühender Sonne schleppen wir uns durch Felder bis zum Ziel. Die Sonne brennt jetzt unbarmherzig vom strahlend blauen Himmel.

Im Schatten der Kirche ruhen wir uns aus. Auch hier muss ich wieder denken, dass hier haben bestimmt auch Generationen von Pilgern vor uns, ebenso geruht haben.

Die Kirche ist ein achteckiger Bau und der Grabeskirche in Jerusalem nachgebaut. Im Innern besteht sie aus einem einzigen Raum, der mit einem wunderbaren Gewölbe überdeckt ist. Auf dem einzigen Altar steht eine sehr alte, romanische Madonna.

Vor der Kirche, in den Resten der ehemaligen Herberge ist eine moderne Wasserstelle, an der wir uns laben und die Flaschen füllen. Es gibt hier auch eine kleine Herberge, die aber geschlossen ist. Daher müssen wir nun weiter bis nach *Puente la Reina*. Dann also auf zur letzten Etappe für heute. Nun gehen wir auf dem so genannten Aragonesischen Weg weiter. In dieser Stadt vereinigen sich beide Wege, unser bisheriger, aus Navarra kommender mit dem aus Aragon kommenden, an der berühmten „Brücke der Königin". Kurz vor dem Ortseingang rasten wir noch mal im Schatten einer Hecke. Wir trinken unser letztes warmes Wasser und können uns nur noch durch Scherze und dummes Gequatsche motivieren. Als wir uns dem Ort nähern gehen wir entlang eines kleinen Flusses. Gegenüber können wir schon die Pilger im Garten der Herberge sitzen sehen. Das gibt uns Kraft für die letzten Meter! So gehen wir nun zum „*Refugio de Peregrino*". Das ist ein schönes, altes Haus, welches vor kurzem neu renoviert wurde. Natürlich gleich unter die Dusche! Auch hier gehen Mario und Dita noch Einkaufen, da sie nun mal Spanisch gelernt hat. Am Abend wollen wir eigentlich die Pilgermesse besuchen, aber geraten in die „falsche „ Kirche. Wir sind hier mit unter den ersten Besuchern. Langsam füllt sich der Raum mit Frauen. Nach einiger Zeit geht eine alte Dame zum Lesepult und beginnt eine Marienlitanei vorzubeten. Für uns Protestanten ist das alles sehr neu und ungewöhnlich. Sie wiederholen den Text unendliche Male. Als dann endlich die Messe beginnt sind wir schon so müde

27

und unsere Beine schmerzen auch so, dass wir beschließen zu gehen.

Im Garten der Herberge, unter einem wunderbaren Sternenhimmel gibt es Abendbrot mit Büchsenbier. Das war die „Königsetappe", mit 32 Km die längste und durch die Hitze auch die beschwerlichste. Daher fallen wir auch gleich müde in die Betten!

8.Tag 04.Mai.

Heute schlafen wir etwas länger und stehen „erst" gegen halb acht auf. In der kleinen Küche wärmen wir uns Wasser und haben so ein schönes „Käffchen" zum Frühstück. Gegen neun Uhr begeben wir uns dann wieder auf den Weg. Es geht immer geradeaus durch die Straßen der Altstadt. Wir sind schon gespannt auf die berühmte Brücke. Sie ist sehr gut erhalten, ziemlich schmal und mit Fluss-Steinen gepflastert. Wir müssen durch einen Brückenturm mit einem Portal wie ein Stadttor. Andächtig schreiten wir hinüber. Auf der Mitte, im den ersten Strahlen der aufgehenden Sonne
bleiben wir stehen und denken an die vielen unbekannten und bekannten Pilger. Fast alle bekannten Persönlichkeiten des frühen Mittelalters, auch alle Päpste sind nach Santiago de Compostella gepilgert, Ich muss wieder an Franziskus und Richard Löwenherz denken. Wenn ich hier

28

weitergehe, gehe ich auf ihren Spuren und will auch in ihrem Geiste weitergehen.

Dann hat uns der *Camino* wieder. Es geht bald steil bergauf und bergab, durch karges, lehmiges Gebiet. Auf einem Hochplateau laufen wir dann auf ebenen, ziemlich guten Wegen. Viele Weinberge und Olivenhaine säumen unseren Weg. Auch Pfirsichbäume, an denen schon große, aber noch grüne Früchte hängen, sehen wir. Die Natur ist hier schon viel weiter. Der Flieder blüht, die Rosen öffnen ihre Blüten, ebenso der Ginster und viele, uns unbekannte Kräuter. Im Sonnenlicht duftet das ganze Land.

In einem kleinen Ort erfrischen wir uns an einem Brunnen mit Quellwasser. Mittag sind wir in einer kleinen Stadt, die wir schon von weitem auf einem Hügel liegen sahen. Uns erscheint es so, als ob sie auf den Ruinen einer römischen Siedlung erbaut wurde. Steil geht es über gepflasterte, verwinkelte Gassen bis zur kleinen *Plaza*. Hier rasten wir im Schatten alter Arkaden, auf Steinbänken, die von den Pilgern schon abgewetzt sind. Zwölf Uhr beginnen die Glocken an der unweit gelegenen Kirche zu läuten! Wir sind beeindruckt, weil die Glocken hier in Spanien an den meisten Kirchen frei schwingend aufgehängt sind. Zum ersten Mal sehen wir, dass die Glocken während des Läutens sich ganz um die eigene Achse drehen. Sehr lange brauchen sie um auszuschwingen. Direkt an der Kirche ist ein Brunnen, wo wir unsere Flaschen auffüllen. Nun geht es durch Torbogen und verschlungene Gassen steil bergab, aus dem Ort hinaus.

Hier verläuft der Pilgerweg an vielen Stellen auf original erhaltenen Römerstraßen. Manche Abschnitte sind noch sehr gut zu sehen, an anderen Stellen ist fast alles unter angeschwemmtem Erdreich verdeckt. Auch haben die Bauern vergangener Zeiten die großen Begrenzungssteine ausgebrochen und als Abstützung für die Terrassen ihrer Weinberge benutzt. Wir steigen auch über die Reste, einer nur noch zur Hälfte erhaltenen, römischen Brücke. Ein großer Brückenbogen überspannt den Fluss. Die ehemals darüber befindlichen Bögen sind verschwunden, so dass wir auf der einen Seite hinabklettern und auf der gegenüberliegenden wieder hinaufsteigen.

Sogar Zypressen säumen den Weg. An manchen Stellen sieht es aus wie in den Kulissen zu Ben Hur. Nach vielen Anstrengungen und Blasen an Füßen und auch an den Armen, von der brennenden Sonne, erreichen wir die Stadt *Estella*. Leider führt uns der Weg an einer Kläranlage vorbei, deren Gestank wir sehr lange ausgesetzt sind. Am Ortseingang sehen wir die Reste von zwei einst berühmten Kirchen.

Leider ist keine Möglichkeit der Besichtigung zu entdecken. Die ganze Anlage macht einen ziemlich verlassenen Eindruck.   Bis hierher sind die EU-Fördergelder also noch nicht gelangt. Auf engen Straßen betreten wir die Altstadt. Die alte Herberge ist leider schon belegt und so müssen wir noch ca. 2 Km durch die Stadt traben. Erst machen die kleineren Häuser einen verfallenen Eindruck. Doch weiter in Richtung Stadtmitte werden die Häuser städtischer, höher und moderner. Hier wird es immer lauter und der Verkehr dichter. Die Straßen werden von Hochhäusern gesäumt. Am Ende einer Ausfallstraße, in einem Vorort, gelangen wir zu einer Mehrzwecksporthalle (*Poli-Desportivo*). Das ist das Ausweichquartier für die Pilger. Wir dürfen es für diese Saison einweihen. Nach kurzem Warten erscheint der Verantwortliche. Er führt uns in einen großen, hellen Raum im Keller. Eine Wand ist schräg, da sie von den Absätzen der Sitzreihen gebildet wird. Hier nehmen wir uns eine Matratze und bereiten unser Lager. Die Duschen sind natürlich die besten, die wir bis jetzt hatten, denn hier duschen sich sonst die *Pelota* Mannschaften. Das ist der baskische Nationalsport, bei dem harte Bälle mit viel Schwung gegen eine Wand geschmettert werden. Von anderen Spielern werden sie mit geflochtenen Handschuhen aufgefangen. Nach dem Duschen gehen wir hoch, in das kleine Restaurant, das sich auch in dem Sportkomplex befindet. Der Wirt ist rührend besorgt um uns und spendiert jedem ein eisgekühltes Bier! Wir bekommen unser Pilgermenü: Salat, Lammfilet mit Pommes und als Nachtisch Pudding mit Karamellsoße. Während wir auf unser Essen warten kommen noch drei deutsche Pilger hinzu. Wir wechseln ein paar Worte, aber eine richtige Unterhaltung kommt nicht in Gang. Todmüde fallen wir auf unsere Lager. In der Nacht entlädt sich ein schweres Gewitter über der Stadt.

9.Tag, 5.Mai

Gegen sieben Uhr Erwachen wir. In der Nacht hat es sehr stark geregnet und jetzt nieselt es noch. In dem Restaurant bekommen wir sogar Kaffee zu unserem Frühstück. Als wir Aufbrechen regnet es noch leicht, aber wir lassen uns nicht abschrecken. Kurz hinter dem Ort biegen wir vom Weg ab, um in Richtung Kloster *Irache* zu gehen. Das sehen wir schon vor uns auf einem Hügel, am Fuße einer Bergkette liegen.

Doch uns zieht nicht das Kloster, sondern die berühmte Wasser und Wein -Quelle! Diese befindet sich an einer Außenwand der Bodega Irache. Das ist eine Weinkelterei, in welcher der sehr gute Rioja-Wein hergestellt wird. Wir finden sie gleich neben dem Pilgerweg. Alles ist genau so, wie im Pilgerführer beschrieben. Wir kosten erst vorsichtig vom Rotwein und dann füllen wir uns eine leere Wasserflasche bis zum Rand! Vorher haben wir gerätselt, wie das mit dem Wein wohl sein wird. Ist der Hahn nur eine bestimmte Zeit offen? Wird die Quelle überwacht. Aber es ist alles ganz einfach. Es sind zwei normale Edelstahl Hähne, einer für Wasser und einer für Rotwein. Die Anlage ist sehr schön gestaltet und befindet sich gleich neben dem Weg, in einem kleinen Hof. Sie wird von einem Gitterzaun begrenzt, dessen Tor bei unserem Eintreffen aber offen ist. Wir vermuten, dass sie spätestens Nachmittag abschließen. Da sind die letzten Pilger durch und so können sie ihren Wein vor der ansässigen Jugend schützen! Der Wein ist so gut, dass diese Quelle die beste Werbung für Rioja- Wein ist. Denn auf unserem weiteren Weg trinken wir immer mal wieder Rioja.

Im Kloster, gegenüber wird gerade gebaut, so das wir es leider nicht besichtigen können. Daher gehen wir gleich weiter. Nach einer Siedlung beginnen lockere Wälder und rotbrauner, zäher SCHLAMM. Jetzt kommen wir nur noch mühsam voran. Kurz vor *Villamajor de Montjardin* erreichen wir die schöne, alte Maurenquelle. Das ist ein einfacher Bau, mit einem gotischen Torbogen und Gewölbe. Er sieht aus wie eine Kapelle. Im Inneren führen viele Stufen zu einem großen Wasserbecken hinab. Da das Wasser steht ist es ziemlich dreckig und die Steine sind mit Algen bezogen. So verzichten wir auf einen Trunk. Oberhalb der Quelle liegt auf einem einzelnen Berg die Ruine einer alten Burg. Nach einem kurzen Aufenthalt gehen wir weiter in den Ort. Hier, an der Pilgerherberge wird erst mal Rast gemacht. Vor uns steht die alte Kirche. Sie weist viele Risse in den Mauern des Turmes auf. Offenbar hat sie schon einige Erdbeben Überstanden.

Wir trinken etwas und nehmen belegte Brote (*Bocadillos*) für das Mittagessen mit. Ausgeruht gehen wir dann weiter. Der Weg führt jetzt zwar stetig bergab, aber durch den Schlamm ist an manchen Stellen fast kein Weiterkommen! Neben dem Weg, auf einem kleinen Hügel ist ein verlassener Schafstall. Hier wollen wir Mittag machen. Innen ist es aber zu dreckig und auch keine Sitzgelegenheit zu finden. Also setzten wir uns auf die Iso-Matten, an einer windgeschützten Stelle. Unser Essen schmeckt uns trotzdem herrlich. Dann weiter, hier ist der Weg fast eine Sandstraße, schön gerade und gut ausgebaut. Wir können in der Feme auf jedem Hügel Mitpilger erkenne. Wie an einer Schnur aufgereiht laufen die verschiedenen Gruppen und Grüppchen, im Abstand von ca. zehn Minuten durch das Land. Immer wieder kommt es zu Begegnungen und aufmunternden Worten.

Dann sehen wir in der Ferne einen Weißen Punkt, der sich beim Näher kommen als Wohnwagen herausstellt. Richtig geraten! Es ist der Brite, unser Pilgerversorger vom *El Perdon*. Mit Hallo werden wir begrüßt. Ich leiste mir eine Büchse Cola, zur Aufmunterung.
Wir befragen den ehrenamtlichen Pilgerbetreuer über den Zustand der Wege.
Nach kurzer Rast befolgen wir den Rat unseres Bekannten und
weichen etwas von der Pilgerroute ab. Hier ist der Weg auch wirklich viel besser und es gibt keinen Schlamm mehr. Unterwegs begegnet uns eine Schafherde.   Als wir mit unseren Pilgerstäben langsam durch die Herde gehen, sind die Schafe sehr verwirrt! Offensichtlich halten sie uns für Hirten. Denn die eine Hälfte will uns folgen und die andere Hälfte geht mit ihrem Hirten weiter. Als wir ungerührt weitergehen, blöken „unsere" Schafe, als wollten sie uns rufen. Diese Gruppe bleibt so lange stehen, wie wir zurückblicken können. Was haben wir da nur angerichtet! Ob der Hirte wohl je seine Herde wieder vcrcincn konnte?
Nach einer Hügelgruppe erreichen wir *Los Arcos*, unser Ziel für diesen Tag.   An der ersten Stelle, wo wir etwas von „*Alberge de Peregrinos*" lesen halten wir. Im Parterre ist eine kleine Bäckerei. Dita geht hinein und klärt die Formalitäten. Wir können tatsächlich hier übernachten. Die Bäckerin betreibt auch eine private Pilgerherberge. In dem schönen alten Haus mit überdachtem *Patio* (Innenhof)

steigen wir in den zweiten Stock. Hier ist eine geräumige Kammer mit Doppelstockbetten. Jeder sucht sich sein Bett und dann wird erst mal geduscht. Die schlammigen Schuhe haben wir unten im Flur gelassen. Vor dem Abendessen treffen sich die Pilger in der großen Küche. Wir schieben Tische zusammen und bereiten die Tafel vor. Dann serviert die freundliche Bäckerin das Abendessen. Es gibt Vorsuppe, Spaghetti mit Tunfisch und als Nachtisch Obstteller. Wir haben eine Flasche Rotwein dabei, die wir auch auf den Tisch stellen.

Und so wird es ein schönes Essen. In Englisch können wir uns auch etwas mit den Mitpilgern unterhalten. Dann brechen wir auf, da wir zur Pilgermesse wollen. Es war auch hier wieder sehr interessant zu beobachten, wie nur die Frauen des Ortes eine halbe Stunde vor Beginn der Messe unendliche Ave Maria und Rosenkranz beteten. Die Messe war schön und der Pilgersegen hat uns gestärkt. Sogar Mario als Nichtchrist stellte sich mit vor den Altar. Der Priester teilte den Segen in sehr vielen Sprachen aus. Die betreffenden Pilger gingen dann nach von und wurden Gesegnet und erhielten eine Karte mit einem Pilgergebet in der jeweiligen Landessprache. Danach gingen wir gleich in die Betten.

Pilger sind Frühaufsteher. Wir werden wieder durch Packgeräusche geweckt. Das Frühstück in der Herberge besteht aus Baguette, Marmelade, Kaffee - und von allem ausreichend! Um acht Uhr gehen wir los. In der Nacht hat es Geregnet und sehr abgekühlt. Jetzt sind es acht Grad und es weht eine steife Briese. Unser Weg führt uns wieder durch abwechslungsreiches Hügelland. Weinberge, Olivenhaine, Grasland und Kiefernwäldchen wechseln sich ab. Dann beginnen auch die Schlammwege wieder, aber wir haben Glück und der Regen kommt immer nur in kurzen Schauern. Da die kleinen Bäche über die Ufer getreten sind, müssen wir an einigen Stellen sehr vorsichtig sein. Etwas Oberhalb des Weges, auf einem Hügel machen wir Mittagsrast. Wir setzen uns wieder auf die Iso-Matten, zwischen wilden Thymian. Es gibt Baguette, Käse, Wurst und klares Wasser - wunderbar! Ich pflücke einen Strauß Thymian als Erinnerung. Nach vielem auf und ab, auf sehr unterschiedlichen Wegen erreichen wir endlich *Viana*, unser heutiges Etappenziel. Vorher zeige ich noch ein Zeichen von Schwäche, da ich das letzte Stück auf der Landstraße laufe. Der Schlamm ist so nervig, das ich mir das einfach nicht mehr antun will. Die Altstadt liegt auf einem Hügel und ist umgeben von hässlichen Vororten. Nach einiger Zeit gehen wir durch schöne alte Straßen, die gesäumt sind von großen, mit Wappen verzierten, Bürgerhäusern. Die Pilgerherberge ist in einem sehr alten Haus, direkt neben einer Kirchenruine. Auch hier lassen wir unsere verdreckten Schuhe im Vorraum stehen. Hier sind die Räume sehr hoch und so gibt es hier dreistöckige Betten! Zu meiner großen Freude geht Mario freiwillig ganz nach oben. Während wir unser Zimmer beziehen, fängt es wieder zu Regnen an. In einer Regenpause machen wir noch einen Stadtrundgang. Natürlich sehen wir uns zuerst die Ruine der Kirche an. Wie vermuten, das sie bei einem Erdbeben zerstört wurde. Später erfashre ich, dass sie im spanischen Bürgerkrieg zerstöt wurde. In eier Ecke sitzt ein verwahrloster junger Mann, mit langen Haaren und Bart, vor ihm auf dem Boden steht ein Spirituskocher. Es siet aus, als ob er ein Obdachloser währe. Überhaupt ist hier in diesem Areal alles sehr heruntergekommen und dreckig. Nach einem schönen Blick von der Balustrade, hoch über der Stadt, gehen wir zurück in die Altstadt. Wir kaufen uns Vorräte in einigen kleinen Läden. Später gehen wir noch mal auf die *Plaza Major*, wo Mario einige sehr schöne Fotos vom Rathaus macht. Dann entdecken wir ein Internet-Cafe, wo wir E-Mails nach Hause senden. Dann setzen wir uns noch in eine der Typischen Bars und sind einfach faul, denn in die Herberge dürfen wir ja erst ab 18.00 Uhr.

Wir essen alle gemeinsam im großen Speisesaal. Hier stehen lange Tische mit Bänken zu beiden Seiten. An der Stirnseite ist ein großer Kamin, in dem leider kein Feuer brennt. Dahinter befindet sich die Küche, in der schon fleißig gekocht wird. Wir machen uns nur Wasser warm und setzen uns zu zwei Schweizerinnen. Wir sind beeindruckt von der Vielfalt der Nationen, aus denen die Pilger kommen. Sogar Australier und Brasilianerinnen sind unter uns. Ein französisches Paar sehen wir wieder. Wir sind den beiden schon oft begegnet. Hier erfahren wir, es sind Vater und Tochter. Sie ist beim französischen Militär als LKW Fahrerin angestellt.
Der Kaffeeautomat ist defekt. Da Mario morgens nur ungern auf seinen Kaffeeverzichten will, untersuchen wir den Automaten. Edita hat die Idee: „Wie wäre es mal mit Reset?" Gesagt, - getan, wir ziehen den Stecker, warten einige Minuten und schließen das Gerät wieder an. Das Wunder geschieht! Er fährt wieder hoch und sagt uns am Display, das die Becher verklemmt sind. Ich gehe und sage dem Verwalter bescheid. Und so ist nach einiger Zeit der Schaden behoben. Mario kann

morgen seinen Kaffe trinken! So gehen wir zufrieden zu Bett. Leider war die Nacht sehr unruhig, da wir einen Extremschnarcher im Zimmer hatten.

11. Tag, 7Mai

Wir werden sehr zeitig geweckt, die Pilger sind heute früh auf den Beinen. Da hier nur eine Toilette für den ganzen Flur zur Verfügung steht, dauert alles ziemlich lange. Wir Frühstücken im schönen Speiseraum und genießen den Morgenkaffee.
Dann geht es auf die letzte Etappe, für dieses Jahr. Wir mühen uns über schlammige Vorortwege, durch Gärten und Felder. Allmählich wird der Weg immer schlechter. An manchen Stellen müssen wir uns jeden einzelnen Schritt überlegen, um nicht zu fallen. Der Boden ist rutschig wie Schmierseife. Hier wird uns der Pilgerstab unentbehrlich!
An einer Wegkreuzung mache ich den Vorschlag, die restlichen Kilometer auf der Straße weiterzugehen.
Wir stimmen ab und ich werde überstimmt. Also, weiter. Nach einem Kilometer, kommt ein kleiner Kiefernwald, wo der Weg etwas erträglicher ist. Dahinter kommen wir an ein Industriegebiet. Das sind die ersten Vorortsiedlungen von *Logrono*. Nach Unterquerung der Autobahn steigt der Weg wieder an und führt nun durch Weinberge. Hier könnte es sehr schön sein. Heute aber liegen die Wolken fast auf der Erde, es regnet ununterbrochen und der Wind bläst immerzu. Richtiges Sauwetter!

An einem allein stehenden Häuschen machen wir Rast, da es ein Vordach hat. Das Haus hat den Namen „*Donna Anna*". Doch die Besitzerin bekommen wir nicht zu sehen. Wir holen die Regenumhänge raus und bedecken damit uns und die Rucksäcke. Da die Stadt schon in Sichtweite ist, nehmen wir unseren Mut zusammen und brechen zum letzten Abschnitt auf. An verfallenden Vororthäusern vorbei, kommen wir zur Brücke über den Ebro. Der Fluss ist stark angestiegen und führt braunes Wasser.

Auf der anderen Seite beginnt die Altstadt. Wir gelangen ohne Probleme zur Herberge. Da es jetzt 12.00 Uhr ist und die Herberge erst 14.00 Uhr öffnet, gehen wir mit Sack und Pack in die Stadt, um den Busbahnhof zu suchen. Wir gehen durch Gassen, überqueren einen alten Markt und gehen vorbei an den unterschiedlichten Läden, die meist unter schönen Arkaden sind. Schon nach kurzer Zeit wird die Stadt modern und laut. Dennoch finden wir uns ohne Probleme zurecht, da an jeder Straßenecke, auch an modernen Banken, die blaue Kachel mit den gelben Strahlen angebracht ist. Das ist das Zeichen für den Pilgerweg, den *Camino de Santiago*.

Nach kurzem Suchen finden wir den Busbahnhof. Wir gehen durch eine breite Durchfahrt in ein großes Gebäude, in dem es wie in einem Bahnhof aussieht. Durch die Halle kann man in einen Innenhof gehen, in dem dicht gedrängt Bus an Bus steht. Es ist ein ständiges Ankommen und Abfahren. So einen Busbahnhof habe ich noch nie gesehen! Nachdem wir uns über unsere morgige Rückreise informiert haben, stellen wir unsere Rucksäcke in die Automaten und gehen erst mal in die Bar. Hier trinken wir Kaffee bzw. Tee und warten Das spanische Fernsehen verkürzt uns die Zeit mit viel Werbung, aber auch mit einem lustigen Fernsehkoch. Von ihm habe ich ein Rezept abgeschrieben.

Namenloses spanisches Leckergericht

500g frische Bohnen, davon die Böhnchen ausschälen,
2   Lauchzwiebeln,
1   Zwiebel, l   große Gemüsetomate,
Salz, Pfeffer, Kräuter der Provence, Olivenöl,
Mehl zum Andicken,
etwas Kochwasser von den Bohnen, 6 Eier,
Polenta als Beilage,
Baguette
Rioja Wein
Die Böhnchen in etwas Wasser kurz blanchieren, abgießen, Wasser aufbewahren. Lauchzwiebel und Zwiebel hacken und im Olivenöl glasig dünsten. Die Tomate in Stücke schneiden und mitdünsten. Mit Salz, Pfeffer und den Kräutern würzen. Alles mit etwas Mehl bestäuben, verrühren und mit dem Bohnenwasser ablöschen. Die Böhnchen dazugeben. Dann die Eier in kochendes Salzwasser gleiten lassen. (Verlorene Eier)
Die Leckerspeise neben *Polenta* auf einem Teller anrichten, je drei Eier darüber legen und mit Petersilie garnieren. Dazu Baguette und Rotwein reichen.   *Bon Appetito*!

Nachdem der *Komedor* (Speiseraum) geöffnet hat machen wir schön Mittagessen. Das ist super, da es ein Büffet gibt wo wir uns nach Tellergröße aussuchen können was uns gefällt. Ich versuche natürlich von allem etwas. Sogar die übliche Nachspeise ist im Preis enthalten.
Dann machen wir uns auf den Weg zur Herberge. Unterwegs treffen wir eine Pilgerin, kenntlich an Muschel uns Pilgerstab, die aus Frankreich kommt. Sie fragt uns nach der Herberge. Da wir sowieso wieder dahin zurück wollen, gehen wir den Weg mit ihr gemeinsam. In unserem Schulenglisch versuchen wir uns zu verständigen, aber so richtig ist es uns nicht gelungen. Dennoch erreichen wir

gut gelaunt die Herberge. Hier müssen wir lange in einer Schlange stehen. Der Grund sind die französischen Herbergseltern. Sie nehmen sich viel Zeit, beim Eintragen der Pilger in das Buch. Sie prüfen genau die Ausweise und setzen akkurat die Stempel in das Carnet. Bis jetzt habe ich immer die Deutschen für Weltmeister der Bürokratie gehalten. Hier wurde ich eines besseren belehrt! Dann gehen wir hoch in den großen Schlafsaal. Die Bettreihen sind immer durch eine Sperrholzwand abgetrennt. Dennoch ist es sehr laut. Hier herrscht großer Trubel, da eine Gruppe Tiroler lautstarke Späße macht. Sie sind heute angekommen, da sie Ihre Weg morgen hier beginnen wollen. So dauert es eine Weile bis wir uns zu den Duschen vorarbeiten können. Ich nutze die Zeit, um meine Schuhe und die Gamaschen zu säubern. Dazu gibt es im Hof eine Waschgelegenheit, wo sich mehrere Steintröge befinden. Es gibt sogar Bürsten zum Schrubben der Schuhe. Dann hänge ich meine Gamaschen zum Trocknen über einen Wäscheständer. Und da hängen sie wohl auch jetzt noch, wenn sie nicht von einer mitleidigen Seele entsorgt worden sind. Dita und Mario haben es sich auf einem kleinen Balkon gemütlich gemacht und genießen die letzten Strahlen der Abendsonne. Dann machen wir noch einen Stadtbummel und ein Regenschauer treibt uns in eine gemütliche Bar.

12.Tag, 8.Mai

Kurz vor sieben Uhr stehen wir auf. Es herrscht viel Betrieb, da die meisten Pilgergruppen jetzt aufbrechen. Als sich der Andrang etwas gelegt hat, machen wir uns auf den Weg zum Busbahnhof. Mit einem traurigen Gefühl sehen wir die anderen Pilger die Straßen weiterziehen. Da unser Bus erst l0.00Uhr fahren soll, gehen wir noch mal in die Bar und trinken einen *Espresso*. Wir beobachten das Treiben auf den Bussteigen und die vielen verschiedenen Menschen. Dann ist es Zeit, unser Bus kommt und wir steigen ein. Es ist ein sehr schöner Reisebus, in dem wir sehr viel Platz haben. Auf dem Weg nach *Pamplona* fahren wir immer wieder direkt neben dem Pilgerweg entlang. Wir erkennen viele Stellen, an denen wir vor einigen Tagen erst entlanggelaufen sind. Es ist ein blödes Gefühl, zu sehen, wie sich die Pilger in ihren Regenumhängen durch den Schlamm kämpfen. Wir sind mit dem Herzen noch mit ihnen verbunden und nun sitzen wir im klimatisierten Bus und sehen sie durch die Scheibe. Das gibt mir viel zu denken. Fast komme ich mir wie ein Verräter vor, der seine Kameraden im Stich gelassen hat. Hier reift auch mein Entschluss, beim nächsten Mal, den *Camino* bis zum Schluss zu gehen.

In *Estella* sehen wir auch, das der *Rio Arga* Hochwasser führt. Unsere Rast am Ufer währe heute sicher nicht möglich. Pünktlich kommen wir in *Pamplona* an. Auch hier ist der Busbahnhof mitten in der Stadt, in einem Gebäude untergebracht. Wir laufen zum Bahnhof und stellen unser Gepäck in den Automaten. Da unser Zug erst 15.01 Uhr fahren soll, schlendern wir noch durch das angrenzende Wohngebiet. Hier stehen ausschließlich sterile Neubauten. Das Viertel wirkt sehr verlassen und trostlos auf uns. In einer Bäckerei holen wir uns noch Reiseverpflegung und trinken gemütlich Kaffee. Dann zurück zum Bahnhof.
Auf dem Bahnsteig können wir die Abfertigung eines Privatzuges beobachten. Zuerst kommen zwei junge Leute, die wie Studenten aussehen. Sie verschwinden im Bahnhof und kommen in einer adretten Uniform wieder zum Vorschein. Dann stellen sie Absperrungen in einen transportablen Schalter auf den Bahnsteig. Etwas später kommt ein moderner Zug, der nur Wagen erster Klasse führt. Da erscheinen auch schon gut betuchte Herrschaften, die bei den Jungen Leuten

einchecken. Der Zug wird abgepfiffen und fährt davon. Die beiden räumen alles zusammen, kleiden sich um und gehen wieder nach Hause. Das alles hat keine halbe Stunde gedauert und nun liegt der Bahnsteig wieder verlassen in der Nachmittagssonne.

Unser Zug ist dann ein *Talgo*, ein spanischer Hochgeschwindigkeitszug, der ersten Baureihe. Die Wagen sind noch aus Aluminium genietet und wirken wie aus einem James Bond Film der 60er Jahre.

Innen ist sehr viel Platz, da in Spanien Breitspur liegt. Im Zug fahren viele Sicherheitskräfte mit, die mit großen Pistolen und MPi bewaffnet sind.

Da wird mir erst klar, dass wir ja fast die ganze Zeit im Baskenland waren. Nach kurzer Zeit beginnt der Zug sich in die Berge der Pyrenäen zu schlängeln. Hier, weiter westlich sieht es aus wie im Hochgebirge. Wir sehen schneebedeckte Gipfel und viele Nadelwälder. Zwischendurch schlängelt sich der Zug, immer höher und höher. Vereinzelt sind kleine Dörfer und Holzverladestationen zu erkennen. Immer wieder verschwindet der Zug in einem Tunnel, zeigt uns einen atemberaubenden Blick in die Tiefe und verschwindet schon wieder im nächsten Tunnel. Ich habe die

Tunnel gezählt und bin bis *Biarritz* auf 29 gekommen!

Die Ansagen im Zug sind zweisprachig, spanisch und baskisch. Das ist eine sehr melodische Sprache, von der man aber außer den Ortsnamen, die meist auch anders klingen, nichts verstehen kann.

Nachdem der Zug das Gebirge überwunden hat, geht es nur noch bergab, durch enge Kurven, wieder Tunnels und viele kleine Städtchen, bis fast an den Atlantik.

In *Biarritz* sehe ich einmal kurz ein Stück Meer und etwas vom Hefen. Hier liegen einige große Frachter am Kai. Doch im Nu sind wir vorbei, durch einen letzten Tunnel und sind im Bahnhof von *Hendaya*. Am Ende des Bahnsteigs laufen wir durch die engen Gänge der ehemaligen Zollkontrolle. Doch durch das Schengen-Abkommen ist das alles jetzt überflüssig.

Wir steigen ein paar Stufen hoch und sind in Frankreich!

Immer hinter anderen Pilgern her, laufen wir zum Bahnsteig. Hier ist eine kleine mobile Sperre aufgebaut, an der wir unsere Tickets und die Platzkarten vorzeigen müssen. Auch hier werden wir von französischem Sicherheitspersonal streng gemustert. Wir suchen unseren Wagen und richten uns ein. Dann vertreiben wir uns in der Zeit bis zur Abfahrt die Zeit mit Bummeln auf dem langen Bahnsteig. Langsam füllt sich der Zug. Die Lok wird angekuppelt und die Eisenbahner der SNCF machen die Bremsprobe. Ich atme noch mal ganz tief die milde Luft der Fremde. Sogar hier auf dem Bahnsteig riecht sie nach Meer und Weite. Dann fahren wir, unter einem herrlichen Sternenhimmel, ab. Die Fahrt verläuft ruhig, nur mit meinen Beinen weiß ich nicht so richtig wohin. Am Morgen gegen 5.30 Uhr erreichen wir Paris. Da wir alle leidlich schlafen konnten sind wir nicht wirklich müde. Wieder, wie auf der Herfahrt fahren wir mit der Metro, unter der Seine hindurch. Auf dem Bahnhof *Montparnasse* haben wir einige Zeit Aufenthalt. So bewacht Mario unser Gepäck und ich gehe mit Edita noch ein bisschen Pariser Luft schnuppern. In einer kleinen Seitenstraße finden wir eine *Boulangerie*, wo wir noch Baguette für die Rückfahrt kaufen. In einem kleinen Supermarkt bekommen wir dann auch noch die restliche Verpflegung. Dann nähert sich auch schon die Zeit des Abschieds. Wir steigen wieder in einen TGV, suchen unsere Plätze und die Rückfahrt beginnt. Auf der Fahrt durch Paris kann ich noch einige Blicke auf die bauliche Schönheit dieser Stadt werfen. In den Vororten gefallen mir die vielen kleinen Häuser aus dem letzten Jahrhundert. Sie sind alle sehr klein, aber jedes sieht aus wie ein kleines Schloss. Die weitere Fahrt ist dann doch ermüdend für mich. Der wenige Schlaf und die eintönige, flache Landschaft lassen mich immer wieder in Schlummer fallen. So erreichen wir dann Frankfurt am Main.

Hier beginnen die Probleme. Unser Zug kommt schon mit Verspätung an. Am gegenüberliegenden Bahnsteig wartet unser ICE nach Leipzig. Da er schon total überfüllt ist, quetschen wir uns irgendwie dazwischen und sind froh, dass wir unsere Rucksäcke in einem Mutter und Kind – Abteil unterbringen dürfen. So verbringe ich abwechselnd Stehend oder auf dem Boden sitzend die Fahrt bis Leipzig. Hier haben wir dann wieder Glück, da wir gleich Anschluss an einen Regionalexpress in Richtung Altenburg haben. So langsam klingt nun das Abenteuer Pilgerweg aus. Die lange Bahnfahrt ist für mich ein guter Übergang von der unendlichen Freiheit des Pilgerlebens, zurück in das normale Alltagsleben.

Als wir in Altenburg aussteigen komme ich mir ganz komisch vor, mit meinen Wanderstiefeln, dem Rucksack und dem Pilgerstab. Wir laufen nun langsam in Richtung Innenstadt. Vor meinem Haus verabschieden wir uns: „*Ultreia*!", lass dich nicht verzagen, es geht weiter! Die nächste Pilgeretappe ist geplant.

So steige ich die Stufen zu meiner Wohnung hoch und als ich von meinen Kindern empfangen werde, ist für dieses Mal der Pilgerweg zu Ende.

Hier beginnt der zweite Teil meines Pilgerweges,
im Jahre 2005.

	03.04	Abreise, Autofahrt bis Orleans	
	04.04.	Weiterfahrt über Hendaye bis Estella	
1.Tag	05.04.	Estella bis Navarrete	12 km
2.Tag	06.04.	Navarrete bis Najera	16 km
3.Tag	07.04.	Najera bis Santo Domingo de la Calzada	30 km
4.Tag	08.04.	Santo Domingo de la Calzada bis Belorado	23 km
5.Tag	09.04.	Belorado bis San Juan de Ortega	25 km
6.Tag	10.04.	San Juan de Ortega bis Burgos	28 km
7.Tag	11.04.	Burgos (Pause)	
8.Tag	12.94.	Burgos bis Hontanas	30 km
9.Tag	13.04.	Hontanas bis Boadilla del Camino	28 km
10.Tag	14.04.	Boadilla del Camino bis Carrion de los Condes	28 km
11.Tag	15.04.	Carrion de los Condes bis Terradillos de Templarios	27 km
12.Tag	16.04.	Terradillos de Templarios bis El Burgo Ranero	35 Km
13.Tag	17.04.	El Burgo Ranero bis Mansilla de las Mulas	18 km
14.Tag	18.04.	Mansilla de las Mulas bis Leon	19 km
15.Tag	19.04.	Leon bis Hospital de Orbigo	34 km
16.Tag	20.04.	Hospital de Orbigo bis Astorga	24 km

45

17.Tag	21.04.	Astorga bis Foncebadon	28 km
8.Tag	22.04.	Foncebadon bis Ponferrada	26 km
19.Tag	23.04.	Ponferrada bis Pereje	30 km
20.Tag	24.04.	Pereje bis O Cebreiro	21 km
21. Tag	25.04.	O Cebreiro bis Kloster Samos	33 Km
22.Tag	26.04.	Kloster Samos bis Ferreiros	30 Km
23.Tag	27.04.	Ferreiros bis Hospital de Cruz	23 Km
24.Tag	28.04.	Hospital de Cruz bis Melide	32 Km
25.Tag	29.04.	Melide bis Pedrouzo	34 Km
26.Tag	30.04.	Pedrouzo bis Santiago de Compostella	22 km
	01.05.	Santiago de Compostella	
	02.05.	Abreise in Santiago de Compostella bis Hendaye	
	03.05.	Heimreise Hendaye, Paris, Frankfurt/M., Leipzig, Altenburg	

Alles ist vorbereitet. Der Rucksack ist gepackt, der Pilgerstab steht bereit. Nach einem letzten Frühstück klingelt es, jetzt geht es los! Wieder werde ich von meiner Schwester Edita und ihrem Freund Mario abgeholt.

Erdmute, meine Frau bringt mich noch bis zum Auto. Alles wird verstaut, noch ein Abschiedskuss und dann geht es endlich los.

Wir fahren auf die Autobahn in Richtung Hessen und Frankfurt/Main. Dann weiter über die Saar nach Frankreich. Die Fahrt durch dieses weite Land ist ermüdend, da die Landschaft hier unendlich flach ist. Je näher wir nach Paris kommen, umso dichter wird nun die Bebauung.

So gelangen wir fast unmerklich in diese riesige Stadt. An einer Stelle verpassen wir unsere Abfahrt und müssen durch den dichten Berufsverkehr eine Schleife drehen, um wieder zurück in unsere Richtung zu finden. Dann, schon beim Verlassen der Stadt, sehn wir kurz den Eiffelturm zwischen Hochhäusern hindurchblitzen!

Nun fahren wir wieder endlos durch Felder und Nadelwälder in Richtung Orleans. Immer wieder halten wir kurz an einer Mautstelle, wo Mario die Mautgebühr mit Card bezahlt. Die Privatautobahnen sind nicht so überfüllt und so ist es ein entspanntes Fahren für meine beiden Fahrer.

Wir lassen die Stadt Orleans links liegen und finden uns, dank einer sehr guten Beschreibung aus dem Internet, problemlos an einem schönen Campingplatz wieder. Hier schlagen wir schnell unsere Zelte auf, denn nun wird es doch rasch dunkel. Dann sitzen wir noch lange an einem Holztisch unter einer Pinie, machen Abendbrot und trinken eine Flasche Rotwein. Die Mücken und unsere Müdigkeit, treiben uns dann aber ins Zelt, denn morgen wollen wir früh weiter.

Bei schönem Wetter stehen wir auf. Nach Duschen und Frühstück im Freien bauen wir die Zelte zusammen, bezahlen und fahren wieder los. Erst mal zurück auf die Autobahn und dann weiter in Richtung *Tours, Bourdeaux, Bayonne.* Auch diese Fahrt geht zum größten Teil durch flache Felder und unendliche Waldgebiete. Immer wieder werden wir an Mautstellen zur Kasse gebeten. Langsam haben sich immer mehr Wolken an Himmel gebildet.

Hinter *Bourdeaux* geraten wir in ein schlimmes Unwetter. Es gewittert und dann sind wir mitten in einem Wolkenbruch. Wir fahren Schritt, denn man kann keine zehn Meter weit sehen. Dennoch werden wir von Rasern überholt!

Doch so schnell wie es kam, ist das Regengebiet auch wieder verschwunden.

An einer Raststätte bemerke ich beim Aussteigen auf dem Boden im Auto kleine schwarze Krümel. Ich denke mir aber nichts dabei.

Erst in *San Sebastian*, an der Atlantikküste auf einem Rastplatz, hinter der spanischen Grenze, sehen wir, dass sich diese Krümel aus der Sohle meiner Wanderschuhe lösen. Bei genauerer Untersuchung bemerken wir, dass die ganze Sohle porös geworden ist. Es ist mir völlig unerklärlich, denn Zuhause ist mir beim Einfetten der Schuhe nichts aufgefallen.

Mit diesen Schuhen kann ich nicht pilgern.

Doch Edita und Mario wissen Rat. Sie kennen von ihren Reisen durch Spanien eine große Baumarktkette, welche auch Schuhe führt. Wir beschließen auf der Fahrt nach *Logroño*, die Augen auf zu halten und solch einen Markt zu suchen. Diese Aussicht erleichtert mich etwas, denn ich sehe meinen Pilgerweg schon schneller enden, als er beginnt.

Nach der Fahrt durch das Stadtgebiet, beginnt die Autobahn sofort in die Baskischen Pyrenäen zu steigen. Das soll auch so weitergehen. Die Straße windet sich auf abenteuerlichen Steilhängen und immer wieder durch Tunnel, stetig in die Höhe. Wir fahren durch bewaldete Täler und sehen in der Ferne schneebedeckte Gipfel. An einigen Stellen geht es atemberaubend in die Tiefe. Je höher wir kommen, umso klarer wird die Luft. War es in San Sebastian noch diesig und bedeckt, so ist nun auf der Passhöhe klarer Himmel und strahlender Sonnenschein.

Bald ist in der Ferne die Silhouette der Großstadt *Pamplona* zu sehen.

Da uns bis hierher noch kein Baumarkt begegnet ist, versuchen wir nun hier in der Umgebung der Stadt, ein Gewerbegebiet zu finden.

Nach einigem Suchen gelingt uns dann auch die Abfahrt. Auf einem großen Parkplatz stellen wir das Auto ab. Leider gibt es in dem Baumarkt keine Schuhe. Als wir aus der Tür kommen, sehe ich gegenüber ein Haus, an dem Schuhe abgebildet sind. Also gehen wir hin. Es ist ein Schuhgeschäft. Sie haben fast nur Frauenschuhe. In der kleinen Männerabteilung gibt es nur sehr kleine Herrenschuhe. Da sehen wir einen Stapel Schuhkartons. Es sind Wanderschuhe! Wir suchen nun zu dritt und finden am Ende **ein Paar**! Als ich sie anprobiere, passen sie vorzüglich! Und sie kosten nur 36 €!

Mit diesen Schuhen bin ich den ganzen Weg bis Santiago de Compostella gelaufen, ohne eine Blase zu bekommen.

Das ist das Schuhwunder.

Voller Freude spendiere ich meinen beiden Mitpilgern einen Eisbecher bei McDonalds, gleich gegenüber.

Nun finden wir die Ausfahrt leichter und fahren weiter in Richtung *Estella*. Auch durch diese alte Königsstadt sind wir 2003 gegangen.

Hier hat uns Mario im Internet einen Zeltplatz gesucht. Auch hier finden wir gut zu unserem heutigen Ziel. Wir checken ein und bauen die Zelte auf. Wir haben nur ein Zelt als Nachbarn, ein junges Paar. Außer ihnen sind wir hier die einzigen Gäste. Denn auf dem Weg zu den Duschen sehen wir, dass der ganze Zeltplatz mit Dauercampern belegt ist. Dann machen wir Abendbrot auf unseren Iso-Matten. Es wird schon dunkel, und später genießen wir einen herrlichen Sternenhimmel. Wir sitzen noch lange so, trinken Rotwein(Rioja!)und reden über Gott und die Welt.

3. Tag 05.04.2005

Am nächsten Morgen ist schönes Sonnenwetter. Nach Duschen und Zeltabbau machen wir Frühstück unter einem Vordach, am Haupthaus des Zeltplatzes. Es ist sehr kalt, aber Edita hat ja ihren kleinen Campingkocher mitgebracht und so gönnen wir uns einen heißen Morgenkaffee! Dann entschließe ich mich, meine alten ausgedienten Wanderschuhe in den Mülleimer zu werfen. Und wir entdecken, was am Abend zuvor so einen merkwürdigen Knacks gegeben hat! Meine Pilgermuschel, der Ausweis des Pilgers ist in zwei Hälften zersprungen, als ich mich an den Rucksack angelehnt hatte. Doch Mario weiß Rat. Mit schwarzem Isolierband wird die Muschel geklebt, in Form eines Kreuzes. Das hat Gehalten - in Sonnenhitze und Regengüssen!
Dann fahren wir das letzte Stück bis *Logroño*. Die Landschaft wird immer vertrauter und an einigen Stellen können wir schon mal einen Blick auf den *Camino* erhaschen. Im Fahren tauschen wir unsere Erinnerungen an unseren Weg 2003 aus. Dann sind wir auch schon an den Vororten und fahren durch dörfliche Siedlungen und Industriegebiete.

Allmählich werden die Häuser höher und städtischer. Trotz des Großstadtverkehrs ist es nicht so schwierig wie wir dachten, in die Stadt hinein zu kommen.

Bald gelangen wir in die Innenstadt. Durch sehr schmale Straßen und Gassen mit Arkaden. Vor zwei Jahren hatten wir einen Parkplatz bemerkt, der ganz in der Nähe der Herberge, gleich neben einer Polizeistation war. Da wollen wir jetzt hin. Ich bin ganz aufgeregt, denn als wir in das Gewirr der Straßen einbiegen, entdecke ich immer wieder bekannte Stellen. Wir fahren sogar teilweise durch die Gassen, auf denen der Jakobsweg entlang führt.

Leider ist der Parkplatz total belegt. Nach einigem Warten suchen wir weiter und finden dann eine schöne Stelle in einer Seitenstraße, ganz in der Nähe. Hier stellen wir nun das Auto ab. Wir entladen nun unsere Rucksäcke und die Pilgerstäbe. Jetzt wird es ernst. Jeder packt seine Sachen zusammen. Dann nehmen wir die Rucksäcke auf die Schultern. Edita platziert noch mehrere Jacobsmuscheln gut sichtbar hinter der Frontscheibe des Autos, damit jeder sieht, dass hier ein Auto von Pilgern abgestellt ist. (Wir hoffen, dass die religiöse Ehrfurcht der spanischen Autodiebe vor den Muscheln haltmacht.)Dann nehmen wir unsere Pilgerstäbe in die Hand und beginnen nun wieder unseren Pilgerweg.

Es ist ein eigenartiges Gefühl, wieder hier zu sein, als Pilger mit Rucksack, Stock und Muschel. Eben waren wir noch Touristen, die einen Parkplatz suchten und nun sind wir wieder anonyme Pilger. Niemand sieht uns an, wie weit wir schon gelaufen sind und Niemand fragt danach. Mit jedem Meter den wir nun durch die Gassen gehen, auf den vertrauten Wegen, die wir schon vor zwei Jahren gegangen sind, werden wir wieder ein Teil des Weges. Der *Camino* hat uns wieder. ULTREIA!

Jetzt gehen wir auf neuen Wegen, denn weiter sind wir 2003 nicht gekommen. Wir laufen erst durch lange, laute Straßen und können unseren Blick schon mal wieder an den gelben Pfeil gewöhnen, der mich von nun an treu bis nach Santiago geleiten wird. Am Ende einiger Neubaugebiete durchqueren wir einen neu angelegten Park und verlassen langsam die Stadt. Vorbei an Baustellen, kleinen Gewerbegebieten und Gärten kommen wir nun auf einen schönen, breiten Weg, der uns die nächsten Kilometer zu einem Naherholungsgebiet der Stadt führt. Die Sonne scheint und es wird so warm, dass wir an einem Rastplatz anhalten und zum ersten Mal die Sonnencreme benutzen. Nach einer Pause erreichen wir einen schönen Stausee. Der Weg führt über den Damm, auf dessen Krone einige Angler sitzen. Dann schlängelt sich der *Camino* immer entlang des Ufers. An Schautafeln können wir erkennen, dass hier ein Naturschutzgebiet ist und viele Zugvögel diesen See als Rastplatz nutzen. Nach einem Anstieg durch Felder und Weinberge, haben wir noch mal einen weiten Blick zurück. Vor uns liegen der Stausee und dahinter die Stadt *Logroño*. Dahinter, in der Ferne sind die Berge der Pyrenäen zu erkennen. Dort sind wir 2003 entlang gepilgert.

Wir drehen uns um und steigen weiter unseren Weg empor. In der Ferne sehen wir kleine Dörfer. Die Sonne brennt jetzt unbarmherzig vom Himmel. Nach einer kleinen Rast, im Schatten einiger Haselsträucher gehen wir weiter.
Jetzt wird der Weg wieder mehr zum Feldweg und wir nähern uns einer Autobahn. Hier gehen wir lange Zeit parallel zur Straße. Auf der rechten Seite ist ein Maschendrahtzaun. Aber dieser Zaun ist etwas ganz besonderes! Hunderte von Pilgern haben in den letzten Jahren Kreuze zwischen den Draht gesteckt. Aus allem was man so findet, Stängel von Schafgarbe, Stroh, Stöcke, Holzstücke, Tücher. Der Zaun ist auf seiner ganzen Länge von kleinsten bis großen Kreuzen überdeckt! Denn auf der linken Seite ist eine Fabrik für Eichenfässer. Die werden für die Lagerung des weltberühmten Osborne – Weinbrand benötigt. Daher liegen hier überall

Holzreste und Späne herum. Es ist eigentlich ein hässlicher Ort, der schmale Weg, von Unkraut gesäumt und zwischen Fabrik und Autobahn eingeklemmt. Aber durch den guten Geist, den die unendlich vielen Pilgerkreuze ausstrahlen, wird mir dieser Wegabschnitt immer im Gedächtnis bleiben.

Dann verlässt der Weg die Autobahn und führt uns wieder durch steinige Felder. Auch hier sind überall Weinreben angepflanzt. Nachdem wir auf einer Brücke die Autobahn überquert haben, sehen wir links die Ruinen des alten Pilgerhospitals *San Juan de Acre*, aus dem 12.Jahrhundert.

Da jetzt die Sonne sehr heiß brennt, rasten wir im Schatten der Mauern. Diese sind bis ca. 2 Meter Höhe in der Erde erhalten geblieben. Das Gebäude muss einmal sehr prächtig gewesen sein, in Form eines Kirchengebäudes errichtet, mit Gewölbe und dicken Mauern. In der Mitte, in den Boden eingelassen, sieht man noch die Becken, in denen sich die Pilger an fließendem Wasser die Füße waschen konnten. Jetzt wird bei jedem Regen der Lehmboden der umliegenden Felder hineingeschwemmt. Nach längerer Pause gehen wir nun noch etwa einen Kilometer weiter, bis wir auf einem Hügel mitten im Flachland die Stadt *Navarrete* vor uns sehen. Hier gehen wir geradewegs hoch in die Altstadt. In einer alten mit Flusssteinen gepflasterten Straße befindet sich die Herberge. Sie ist in einem alten Bürgerhaus untergebracht.

Unter den Arkaden ist es schön kühl. Wir stellen die Rucksäcke ab und gehen hinein, um zum ersten Mal in diesem Jahr unseren Pilgerausweis vorzuzeigen. Nach einigem Warten, weil vor uns noch vier Pilgerinnen angenommen werden, sind wir dann an der Reihe. Ein freundlicher älterer Herr begrüßt uns auf Spanisch. Da er aber auch Englisch kann, können wir uns trotzdem Verständigen. Hier erlebe ich es zum ersten Mal, dass ich immer wieder Fragen zu meinem „spanischen" Vornamen beantworten muss. Besonders interessiert zeigt er sich an meinem Pilgerkreuz aus Olivenholz. Es ist das Geschenk eines befreundeten Pfarrers, von dem ich mir vor Reiseantritt auch den Pilgersegen erbat.

Unsere Personalien werden in ein Buch eingetragen, wir erhalten den Stempel in unseren Pilgerausweis und dann wird uns das Zimmer gezeigt. Es ist wie das ganze Haus frisch renoviert und es stehen vier Doppelstockbetten darin. Nach Auspacken und Duschen wollen wir noch eine Runde durch die Stadt gehen und uns Verpflegung für die nächsten Tage kaufen. Aber erst besteigen wir den Hügel, der sich mitten in der Ortschaft erhebt. Ich vermute, dass hier einst ein römisches Castrum gestanden haben könnte. Aber leider sind keine Reste oder Mauern zu sehen. Dafür befindet sich oben die Wasserversorgung der Stadt in Form eines Hochbehälters. Ringsherum ist eine kleine Parkanlage mit alten Bäumen und einem schönen Rundweg angelegt. Von hier aus haben wir noch mal einen weiten Ausblick auf unseren bisherigen Weg und natürlich auch in die Ebene, in die wir in den nächsten Tagen gehen wollen.

Dann gehen wir bergab, vorbei an einigen Töpfereien, in denen regionale Keramik zu sehen ist. In einem kleinen Laden, in dem es alles gibt, was wir benötigen, machen wir unsere Einkäufe und gehen dann wieder in die Herberge. Nach Abendbrot und Wein in der Küche gehen wir zu Bett.

4. Tag   06.04.2005

Wir werden durch das Rascheln geweckt, das die Italienerinnen verursachen, als sie ihre Rucksäcke packen. Das erinnert mich wieder an all die Morgen in den Herbergen auf unserer ersten Etappe 2003.

Jetzt fühle ich mich wieder richtig als Pilger!

Also stehe ich auch auf und beginne meine Siebensachen zusammenzupacken. Dann gehe ich in das Bad und mache Katzenwäsche. Meine Schwester ist heute noch nicht so gut drauf, sie braucht sehr lange. Dann ist es so weit. Unser erster „richtiger" Pilgertag kann beginnen.

Heute ist es ziemlich kalt und ein feuchter Nebel hängt über der Ebene. Es wird gar nicht richtig hell. Kurz nach dem Ortsausgang, sehen wir links die Mauern des Friedhofs. Das Portal ist aus der alten Pilgerherberge, in der wir gestern gerastet haben, hierher umgesetzt worden. Es ist mit vielen Sandsteinplastiken verziert und die Pilgermuschel ist mehrfach zu erkennen.

Nun geht der Weg von der Straße weg, zwischen Weinfeldern dahin. Die „Felder" bestehen nur aus großen und kleinen Flusssteinen, wie auf einer Sandbank. Wir sind erstaunt, dass die Reben zwischen den Steinen so gut gedeihen.

Ist es das trübe Wetter, oder die unruhige Nacht in der Herberge, Edita geht es immer schlechter. Daher machen wir kurz hinter dem Dorf eine längere Rast. Abseits vom Weg suchen wir uns eine windgeschützte Stelle hinter einem großen Steinhaufen. Auf unserem Campingkocher wird erst mal Kaffee gekocht. Dann gibt es noch etwas zu Essen. Langsam erwachen ihre Lebensgeister. Nach einem kleinen Schläfchen auf der Isomatte, geht es Edita dann doch wieder so gut, dass wir uns weiter auf den Weg machen können.

Bei grauem Himmel und stetigem Wind von vorn laufen wir nun immer durch Weinfelder. Die Landschaft wird hügeliger und in der Ferne sehen wir links und rechts bewaldete Berge. An einer Stelle müssen wir vorsichtig über einen Behelfssteg klettern, da das Hochwasser die Brücke weggeschwemmt hat. Der Weg ist nun eine Piste, direkt neben einer Schnellstraße. Der Lärm der Trucks begleitet uns nun auf den nächsten Kilometern. Doch ich bin erstaunt, wie viele

Fahrer uns mit Hupe und ausgestrecktem Arm grüßen. Hier habe ich zum ersten Mal das Gefühl, als Pilger wahrgenommen zu werden.

Nachdem wir uns von der Straße entfernt haben, steigt der Weg jetzt mehr und mehr in eine ausgeprägte Hügellandschaft. Verschiedene Sandsteininformationen, bewachsen mit Ginster und Erika, prägen das Bild. Hier beginnt der so genannte „Steinmännchenweg". Das sind kleine Steinaufschichtungen, die von den Pilgern im Laufe der Jahre entlang des Weges errichtet wurden. Das bietet sich auch an, denn hier wirken die Hügel wie mit dem Kipper aufgeschichtet. Das Gestein ist locker und besteht nur aus eiszeitlichen Geröllablagerungen.

Nach vielen Windungen erreichen wir eine kleine Hochebene. Hier rasten wir an einem Hang neben dem Weg. Jetzt sehen wir die ersten Mit-Pilger. Es sind zwei Deutsche. Erkennbar an der lauten Aussprache mit bayerischem Dialekt und an einer Deutschlandfahne, die bei einem im Rucksack steckt. Es kommt zu einer kurzen Unterhaltung und dann ziehen sie weiter. Sie müssen schneller als wir gelaufen sein, denn wir haben sie nie wieder gesehen.

Nach einem nochmaligen Anstieg erreichen wir den Pass. Während des langsamen Abstiegs reißt der Himmel auf und es wird sonnig und sehr warm. Bei einer Rast tragen wir sogar Sonnecreme auf! Wir können von hier aus in eine weite, fruchtbare Ebene sehen. Der Weg führt hinunter, immer zwischen Feldern, Weinbergen und Olivenhainen hindurch. Nach einiger Zeit kommen wir an einen großen Hügel, auf dessen Spitze eine kleine Funkantenne steht. Hier machen wir erneut Rast. Der mit Gras bewachsene Hügel, auf dem wir sitzen, ist der „Rolandshügel". Die Legende sagt, dass der Held Roland von hier aus einen Felsbrocken auf den Heerführer der Mauren schleuderte und so die Schlacht gewann.

Ich denke, der Kern der Sage könnte sein, dass hier einstmals ein Katapult zum Einsatz kam. Das war für die Menschen, die voller Angst und Staunen, fliegenden Felsen sahen, so beeindruckend, dass sich diese Ereignisse in einer Sage manifestierten.

Nachdem wir einen großen Steinbruchbetrieb umgehen mussten, erreichen wir die ersten Vororte von *Najera*. Felder, Weinpflanzungen und Gärten mit kleinen Häuschen prägen das Bild.

Auf einer neuen Holzbrücke überqueren wir den Fluss *Yalde*.

Nun brennen mir doch schon die Fußsohlen und ich bin froh, die Stadt zu erreichen. Hier gehen wir geradeaus bis in das Zentrum. Die gelben Pfeile führen uns sicher durch die Straßen, über einen Platz mit einem Kloster und dann nach links an eine neu erbaute Herberge.

Es ist ein langer Flachbau. Davor stehen Bänke und es gibt einen Wasserbrunnen aus Gusseisen. Natürlich trinken wir erst mal, ehe wir hinein gehen. Jetzt, nachdem ich endlich sitze, merke ich, wie sehr mich der Weg angestrengt hat. Und dabei sind wir heute nur 16 km gelaufen. Wir warten, bis die Pilger vor uns ihren Stempel haben und dann sind wir dran. Auch hier wieder Erstaunen über meinen Vornamen. Aber auch Mario wird der Aufmerksamkeit gewürdigt. Dann werden unsere Personalien in das Herbergsbuch eingetragen und wir erhalten unseren Stempel in den Pilgerausweis. Danach zeigt uns der *Hospitalero* unsere Betten. Hier gibt es nur einen riesigen turnhallengroßen Schlafsaal. Nach Duschen, Fußpflege und Ausruhen gehen wir noch mal in die Stadt. In einem kleinen Laden kaufen wir *Chorizo* (Paprika-Knackwurst), *Baguettes*, Tomaten und Äpfel.

Das wird sich auch für mich während des gesamten Pilgerweges kaum ändern. Diese Art der Ernährung hat sich für mich als die praktischste erwiesen.

Das berühmte Kloster *Santa Maria la Real* aus dem 11. Jahrhundert können wir leider nicht besichtigen. Es ist wegen Renovierungsarbeiten geschlossen.

Es wurde schon im 11.Jahrhundert in einer Höhle gegründet, in welcher der König von Navarra eine Madonnenstatue gefunden hatte. Im 15.

Jahrhundert wurde das Kloster vollkommen erneuert und erweitert.

So setzen wir uns auf die *Plaza*, vor eine kleine Bar und trinken Kaffee. Nach 17.00 Uhr kommen die Kinder vom Schulbus. Sie werden von ihren Müttern abgeholt und nun beginnt langsam das Leben auf dem Platz. Die Kinder spielen und tollen herum und die Mütter stehen in Gruppen beieinander und schwatzen. Dann stellt ein Angestellter einer anderen Bar die ersten Tische und Stühle heraus. Nun kommen auch ältere Leute dazu und so nach und nach sind bald alle Tische besetzt. Wir lehnen uns zurück und beobachten die Szene.

Da kommt plötzlich ein Reiter auf einem wunderschönen Schimmel auf den Platz! Er ist nur in Arbeitskleidung, hält sich aber „stolz wie ein Spanier". Nachdem er das Pferd tänzeln lies steigt er ab. Er ist ein Papa einiger der Kinder und muss natürlich seine Geldbörse ziehen und seinen Kindern ein Eis spendieren. Dann steigt er wieder auf und das Pferd. Im Bewusstsein seiner Schönheit, stolziert es würdevoll davon.

Wir sind erfreut über dieses Schauspiel, das wir hier miterleben dürfen. Als die Dämmerung hereinbricht und das Leben auf der *Plaza* immer lauter wird, verlassen wir den Ort und gehen zurück zur Herberge. Hier machen wir noch Abendbrot auf einer der Bänke vor dem Haus und trinken unseren Abend- Rotwein.

Dann legen wir uns hin und haben trotz des riesigen Schlafsaales, eine ruhige Nacht.

Nájera 06.04.05

5. Tag   07.04.2005

Wir erwachen wieder wie üblich vom Rascheln und Wuseln der anderen Pilger. Das Zusammenrollen des Schlafsackes und das Verstauen meiner Sachen wird schon langsam Routine. Heute verlassen wir gleich das Haus, da wir in einer kleinen Bar Frühstück essen wollen. Wir sind hier die einzigen Gäste und lassen uns *Kaffe con Leche*, Orangensaft und je zwei *Tostadas* mit Butter und Marmelade schmecken.

Vorbei am alten Kloster verlassen wir die kleine Stadt. Schnell sind wir in einem Kiefernwald, durch den unser Weg uns steil bergan führt.

Auf dem Pass haben wir eine weite Sicht. Vor uns liegen Weinfelder bis zum Horizont. Die Landschaft ist Hügelland und an vielen Stellen tritt rötlicher Sandstein zu Tage. Der Himmel ist grau und die Luft feucht. Den ganzen Tag über bläst uns eine frische Brise entgegen.

In *Azofra*, einem kleinen Ort am Pilgerweg, machen wir Rast in einer Bar. Es gibt zweites Frühstück. Hier treffen wir auch einige bekannte Gesichter. Pilger aus der letzten Herberge. Einige gehen gerade wieder los, als wir ankommen. Aber zwei Frauen kommen noch nach uns an. Und wir dachten, dass wir die letzten wären.

Auch hier in diesem Dorf steht eine verhältnismäßig große Kirche. Sie stammen alle aus der Blütezeit des Camino im 11. bis 12. Jahrhundert. Damals müssen die Orte kleine Städte gewesen sein. Durch die vielen Pilgergruppen kam auch viel Geld und Ware in das Land.

Wir haben Glück, die Kirche ist offen, so dass wir auch von innen die großartige romanische Baukunst bewundern können. Hier ist die Herberge direkt an die Kirche gebaut. Aber um diese Zeit ist die Belegung der letzten Nacht schon auf der Piste, daher ist geschlossen und wir können hier keinen Stempel ergattern.

Weiter geht es bei Sonne und Wolken am Himmel. Wir steigen nun immer weiter bergan, durch Weideland und Kiefernwälder.

Dann können wir den Turm der Kathedrale von *Santo Domingo de la Calzada* sehen. Die Stadt liegt in einem weiten Flusstal und im Hintergrund sind sanfte, bewaldete Hügel zu sehen. Wieder müssen wir erst durch unschönes Vorortgebiet laufen. Vorbei an Neubausiedlungen erreichen wir die Altstadt.

Die Herberge befindet sich in einem großen ehemaligen Handelshaus im Renaissance- Stil. Wir müssen bis unter das Dach steigen. Im Gegensatz zu den herrschaftlichen Räumen darunter ist hier alles klein und beengt. Küche und Aufenthaltsraum sind eins. Hier stehen einige alte Sofas und Sessel. Darin lassen wir uns erst mal nieder und warten auf den Herbergsvater, um uns registrieren zu lassen. Nach einiger Zeit bemerken wir aber, dass andere Neuankömmlinge geradewegs in den Schlafsaal gehen. Also machen wir das auch und finden gerade noch ein paar Betten.

Der Saal ist zwar sehr eng, aber dafür gibt es nur Einzelbetten, also mal keine Doppelstockbetten. Dann machen wir erst mal einen Stadtbummel.

Der Ort *Santo Domingo de la Calzada* wurde im Jahre 1044 durch den Heiligen Domingo gegründet. Er errichtete eine Brücke über den *Rio Oja* sowie eine Pilgerherberge.

Diese Herberge ist noch zu sehen, allerdings befindet jetzt darin ein *Parador*, ein staatliches (Edel)Hotel.

Also setzen wir Fußpilger uns auf eine Bank unter dem Laubengang.

Von hier aus haben wir eine schöne Sicht auf die Kathedrale und den einzeln stehenden Glockenturm. Leider ist er gerade eingerüstet.

In die Kirche gehen wir nicht, denn sie ist nur mit Museumsrundgang zu besichtigen.

So können wir auch nicht Henne und Hahn sehen. Das Geflügelpaar wird seit dem 15.Jahrhundert in der Kirche in einem schön geschmiedeten Käfig gehalten. Natürlich nicht immer dieselben!

Die Einwohner des Ortes wetteifern darum, wessen Paar für jeweils eine Woche ausgewählt wird.

Das alles geht auf folgende Legende zurück:

Ein Ehepaar aus Deutschland, war mit seinem Sohn auf Pilgerfahrt nach Santiago und übernachtete in einem Wirtshaus in *Santo Domingo de la Calzada.* Die Wirtstochter verliebte sich in den Sohn, der aber wollte nichts von ihr wissen und zog am nächsten Tag mit seinen Eltern weiter. Das beleidigte Mädchen hatte aber einen silbernen Becher in das Gepäck des Jungen gesteckt und zeigte ihn nun des Diebstahls an.

61

Der Becher wurde entdeckt und der Junge zum Tode durch Erhängen verurteilt.

Als die Eltern nach Vollstreckung der Todesstrafe noch einmal zum Baum gingen, an dem ihr Sohn hing, stellten sie überrascht fest, dass der Junge lebend am Galgen hing. Der Heilige Santiago stützte ihn mit seinen Schultern an den Beinen ab.

Das Ehepaar begab sich eilends zum Richter, um ihm von dem Wunder zu berichten, das ja die Unschuld ihres Sohnes bewies! Der Richter saß gerade am Mittagstisch und sagte, dass der Junge so lebendig sei, wie die beiden gebratenen Hühnchen vor ihm. Daraufhin flogen die beiden Tiere durch das Fenster davon.

Seitdem werden in der Kathedrale von *Santo Domingo* in einem Käfig ein weißer Hahn und eine weiße Henne gehalten. Dies ist die bekannteste Legende des Jacobsweges, und in vielen Ländern, auch in Deutschland findet man in einigen Kirchen Darstellungen davon.

Wir schlendern dann noch durch die schmalen Straßen der Altstadt, sehen noch gut erhaltene Reste der Stadtmauer, das Franziskaner-Kloster und einige sehenswerte Patrizierhäuser.

Dann melden sich aber unsere Füße und so gehen wir in eine kleine Bar. Bei Kaffe und Bier erholen wir uns. Ich nutze die Gelegenheit, um mein Tagebuch zu vervollständigen und Dita schreibt Postkarten.

Zurück in der Herberge holen wir unsere Verpflegungsbeutel und suchen uns einen schönen Platz in dem kleinen Garten hinter dem Haus. Plötzlich erfüllt Kinderlärm die kleine Wiese und einen großen angrenzenden Saal. Wir beobachten das Treiben und kommen so zu einer Gratisvorstellung in einheimischer Folklore.

Die Jungen gehören alle zu einer Volksmusikgruppe. Jeder hat Kastagnetten und sie beginnen damit einen interessant klingenden Rhythmus zu schlagen. Dann eröffnen einige einen einfachen Tanz. Nach und nach entwickelt es sich zu einem komplizierten Geflecht von Tanzbewegungen, bei denen aber immer nur wenige Schritte und Hüpfer gemacht werden. Im

Hintergrund hören wir Dudelsäcke von der Kassette. So haben wir noch einen schönen Tagesausklang. Heraufziehende Gewitterwolken vertreiben uns dann, so das wir in den Schlafsaal gehen und uns hinlegen.

6. Tag   08.04.2005

Die Nacht war schlimm! Mein Bett war sehr durchgelegen und weich, sodass ich den Eindruck hatte, in einer Hängematte zu liegen. Da ich so ohnehin unruhig schlief, konnte ich auch das laute Schnarchkonzert der 60 Pilger leider nicht überhören.

Daher stehen wir früh auf, packen und gehen erst mal in eine kleine Bar, die wir uns am Abend vorher ausgesucht haben, denn nur wenige Bars haben so früh schon geöffnet. Wir bestellen wieder Kaffe und *Tostadas* und sind mit dem Essen zufrieden. Die Spanier kommen nur kurz herein, trinken mürrisch und verschlafen einen *Cafe solo*, sehen kurz zum Fernsehen auf, das in den Bars ununterbrochen läuft und gehen wieder. Wir, mit unserer gemütlichen Art zu Früh- stücken, sind sofort als Ausländer zu erkennen.

Dann machen wir uns wieder auf den Weg. Wir verlassen die Stadt über eine lange Brücke, auf der ein sehr kalter Wind bläst.

Es riecht nach Schnee und die Felder sind mit einer dünnen Raureifkruste überzogen. Das Rucksackthermometer von Mario zeigte nur 8°C an. Nach einem Kilometer verlassen wir die Straße und nun steigt der Weg immer leicht bergan. Links sehen wir einen Gebirgszug aus den Wolken auftauchen, dessen Gipfel mit Schnee bedeckt sind.

In *Grañon*, einem kleinen Ort am Pilgerweg machen wir Rast in einer kleinen Bar, um uns aufzuwärmen. Sie besteht nur aus einem kleinen Raum, der durch die Theke geteilt wird. Neben dem einzigen Fenster befindet sich eine einfache Holzbank. Dennoch sind wir froh, dem ständigen kalten Wind für kurze Zeit entkommen zu können. Der *Tee con Leche* wärmt uns wieder auf, sodass wir bald unseren Weg fortsetzen können. Jetzt wird der Weg immer schlammiger. Wir müssen immer öfter auf den mit Gras bewachsenen Feldrain ausweichen.

Als wir die Markierung an der Grenze zu Kastilien passieren, wird der Weg schlagartig besser. Edita sagt, Kastilien ist eben in reicheres Bundesland, die haben hier alles etwas besser im Griff.

Das scheint sich auch zu bewahrheiten. Denn ab nun laufen wir meist auf Schotterpiste und Sandwegen.

In *Villamajor* leisten wir uns mal ein richtiges Mittagessen in einem Restaurant. Der Rest unserer heutigen Etappe führt uns bei weiterhin starkem Gegenwind immer entlang der N 120, einer stark befahrenen Bundesstraße. Durchgefroren erreichen wir endlich *Belorado*, unser heutiges Ziel.

Hier finden wir die Herberge nicht gleich. Die gelben Pfeile sind spärlich verteilt. Von der *Plaza* aus gehen wir noch mal ein Stück zurück, entdecken den Pfeil und gelangen doch noch zur Kirche, neben der die Herberge steht. Sie ist aber wegen Bauarbeiten geschlossen. Wir werden einige Straßen weiter zu einer Privatherberge verwiesen.

Hier betreten wir eines der alten Wohnhäuser und sehen sofort massenhaft Wanderschuhe im Flur stehen. Hier sind wir richtig. Nach Eintrag in das Buch und Erhalt eines schönen Stempels wird uns das Zimmer gezeigt. Die Doppelstockbetten stehen dicht an dicht. Fast alle sind schon belegt. Aber für uns findet sich noch ein Platz.

Ich nutze die Gelegenheit, dass es hier eine Waschmaschine und einen Trockner gibt, um meine Wäsche zu waschen. Nach einigen Verständigungsschwierigkeiten mit der Wirtin macht sie mir den Vorschlag, meine Wäsche zu trocknen und für mich bereitzustellen. Das nehme ich dankbar an. So haben wir Zeit gewonnen, auch hier noch einen Ortsbummel zu machen. Wie üblich verbringen wir die Zeit in der Bar und vertiefen uns in das spanische Vorabendprogramm. Bei der Rückkehr werden wir gefragt, ob wir am nächsten Morgen Frühstück haben wollen. Das lehnen wir natürlich nicht ab. In der Herberge sagt Edita zu Mario: „Eh, guck mal, `s graupelt draußen!" Da sagt eine weibliche Stimme unter dem Bett: „ Sacht mal, wo kommt ihr denn her?" Es stellt sich heraus, dass sie aus Leipzig ist, aber morgen abbrechen muss, da ihr Urlaub vorbei sei. Wir unterhalten uns noch eine Weile mit ihr und tauschen unsere Erfahrungen aus. Dann legen wir uns zeitig hin, denn die 30 Km, die wir heute gelaufen sind, stecken uns in den Knochen.

7. Tag   09.04.2005

Wir erwachen früh, da im Schlafraum schon wieder allgemeiner Aufbruch herrscht. Nach dem Packen gehen wir in die Küche.
Das ist ein großer Raum mit niedriger geschwärzter Balkendecke und Natursteinmauern. In der Mitte steht ein großer Tisch mit Bänken und Stühlen daran. An der Stelle des ehemaligen Kamins befindet sich jetzt ein großer Holzofen. Daneben auf dem Gasherd kocht in einem großen Topf heißes Wasser. Jeder nimmt sich einen Trinkbecher und füllt sich mit einer Kelle Wasser ein. Auf dem Tisch steht Kaffeepulver, Marmelade, Margarine und Weißbrot.
Wir setzen uns zwischen die anderen Pilger und lassen es uns schmecken. Die meisten sind Spanier

und Italiener. In der Mitte des Tisches steht ein großes Marmeladenglas, in das wir unsere Spende für das Frühstück werfen sollen. Auf einem Zettel daran steht: „Was die Pilger gestern gespendet haben, ist heute euer Frühstück. Was ihr heute spendet, ist morgen das Frühstück der Nächsten." Wir legen gerne ein paar Euro ein und machen uns als letzte auf den Weg.

Da es heute so kalt (1°C) und windig ist, ziehe ich nach kurzer Zeit meinen Regenponcho als Windschutz über. Auf den Feldern liegt eine dünne Schneeschicht.

Der Weg windet sich immer gleichmäßig bergan. Wir gehen hauptsächlich durch Weinberge. In die Felswände neben dem Weg sind immer wieder Höhlen gegraben, deren Eingänge mit kleinen Eingangsbauwerken abschließen. An einigen Stellen sieht es so aus, als ob die Bauern schon vorhandene römische Felsengräber nutzen.

Wir gehen durch ein verfallendes Dorf, in welchem die Hälfte der Häuser leer steht oder schon Ruine ist. Es geht immer weiter in die Höhe, durch kleinwüchsigen Eichen- und Buchenwald. Die Bäume sind windzerzaust und nur fünf bis sechs Meter hoch. Der Weg wird dann zum breiten Forstweg, welchem wir auf und ab durch den Wald folgen. Auf einer Anhöhe steht rechts neben dem Camino ein großes Betondenkmal. Edita entziffert, dass es sich um ein Ehrenmal für Gefallene aus dem Bürgerkrieg handelt. Mitten in dieser Einsamkeit liegen verwelkte Blumen auf dem Sockel.

Nach einiger Zeit erreichen wir eine Hochebene. Hier gehen wir unendlich lange geradeaus. Eisiger Wind bläst uns in das Gesicht, und kurze Zeit später befinden wir uns mitten in einem Schneetreiben. Nach einem leichten Abstieg erreichen wir in einem kleinen Flusstal den Ort *Villafranca de Coto.*

Das Tal mit dem Dorf wirkt auf mich wie ein beliebiger Ort am Inselsberg im Thüringer Wald. Die Häuser, dicht geschart um den Kirchturm, sind umgeben von sattgrünen Wiesen und viel Mischwald, der die Berghänge bedeckt.

Wir müssen einige Zeit auf der stark befahrenen Straße gehen und beschließen, an einem Parkplatz in die Bar zu gehen.

Das scheint so eine Art Trucker Bar zu sein. Es ist alles voller Männer, die sich laut unterhalten und den Tresen umlagern. In der Ecke entdecken wir noch einen freien Tisch und beschließen, hier zu bleiben und Mittag zu essen. Als wir sitzen sehen wir auch noch einige Pilger an anderen Tischen sitzen. Auch die beiden aus dem Wald sehen wir wieder. Beim Essen können wir aus dem Fenster sehen, dass jetzt ein richtiger Schneesturm eingesetzt hat. In kurzer Zeit ist alles weiß.

Eine Gruppe spanischer Pilger, ältere Herren mit ziemlich teurer Ausrüstung, hat einen Kleinbus gerufen und lässt sich nun zur nächsten Etappe fahren. Wir warten ab bis das schlimmste Wetter vorbei ist und brechen dann wieder auf. Der Weg geht gleich hinter der Kirche sehr steil hoch in die Berge. Er wird immer schmaler und ist an manchen Stellen nur ein Trampelpfad. Die Luft ist klar und kalt und es macht Freude, so durch den langsam wieder dichter werdenden Kiefernwald zu gehen. Wir bleiben jetzt ungefähr auf einer Höhe und das Gehen fällt uns leicht. Doch zu früh gefreut! Die Schneeschauer setzen wieder ein und der aufgeweichte Boden macht das Gehen auch nicht leichter. . Als wir auf ein paar Baumstämmen eine kleine Rast machen, werden wir von zwei Pilgern überholt. Ich trinke gerade aus meinem spanischen Trinkbeutel, den ich vor zwei Jahren in *Logroño* gekauft hatte. Der eine ruft mir zu: „*Vino, Vino*!" weil er denkt, in dem Beutel musse Wein sein, was auch sonst! Ich lache und antworte „*Aqua*!" Da muss er auch lachen und kommt zu mir, weil er nicht glaubt, dass ich nur Wasser trinke. Ich lasse ihn trinken und kopfschüttelnd geht er wieder zu seinem Freund. Als sie sich entfernen, denke ich: `Jetzt sagt der bestimmt zu ihm: „Die spinnen, die Deutschen!" `

Doch dann, nicht mehr weit, erreichen wir den Waldrand und blicken auf ein flaches Tal. In mitten von Wiesen und Feldern sehen wir die Gebäude des Klosters *San Juan de Ortega.* Diesen Anblick müssen auch schon Hunderte Pilger vor uns genossen haben.

Das ist unser heutiges Ziel! Über breite Sandstraßen nähern wir uns dem Ort. Die romanische Basilika wirkt renoviert, aber die Gebäude des Klosters stehen leer. An einigen Stellen ist das Dach defekt und der riesige, ehemalige Klostergarten ist verwildert oder wird von Bauern als Acker benutzt. Es ist ein trauriger Anblick.

Sogar im „katholischen Spanien" stehen die Klöster leer, weil es an Nachwuchs mangelt. Das hätte ich nie gedacht.

Vorbei an der Kirche kommen wir auf einen Platz. Rechts ist eine lange Gebäudefront, die mehrere Häuser vereinigt. Eins davon ist eine Bar. Dann sind da noch ein uraltes riesiges Eichentor und daneben noch eine kleine Haustür. Da die Tür im Eichentor offen ist, gehen wir durch den dunklen Vorraum und betreten den Flur der Herberge. Es ist alles verlassen und kalt.

Da wir aber genug gelaufen sind, wollen wir auf alle Fälle hier übernachten. Wir stellen unsere Rucksäcke ab, kramen unsere Badelatschen raus und steigen über die breite Treppe in den ersten Stock. Wir gehen durch drei riesige Schlafsäle. Im letzten liegt ein Pilger ganz hinten an der Wand und schläft. So beschließen wir uns in dem mittleren Raum eine Bleibe zu suchen.

Vorher wollen wir aber noch die Verantwortlichen finden und uns ordentlich anmelden.

Daher ziehen wir wieder unsere Wanderschuhe an und gehen zu der Tür im Nebengebäude. Hier öffnet uns eine kleine, grauhaarige Dame.

Sie spricht viel und wir verstehen wenig. Nach einiger Zeit sagt Edita: „ Sie kann nicht verstehen, dass wir hier übernachten wollen, die Herberge ist eigentlich nicht zu benutzen, kein warmes Wasser, kein Strom, keine Heizung. Wir sollten besser weiter gehen bis zu einer anderen Herberge." Nachdem wir ihr verbindlich erklärt haben, dass wir trotzdem hier schlafen wollen, ist sie ganz gerührt und bittet uns herein. In dem kleinen Wohnzimmer ist es gemütlich warm, wir nehmen Platz und sie macht ihre Eintragungen. Dann bekommen wir unseren Stempel. Zum Schluss möchte sie uns unbedingt zu einer Suppe zum Abendessen einladen. Nach einigem Hin und Her nehmen wir an und wollen halb Sieben wieder bei ihr sein.

Wir sind begeistert, denn diese Herberge wird in meinem Pilgerführer extra erwähnt. „ ...Der Pfarrer Don Jose Maria Alonso hat sein Leben in den Dienst der Pilger gestellt, ganz in der Tradition des Heiligen Juan de Ortega. Er lädt die Pilger jeden Abend zu einer warmen Suppe ein, wobei sie ihr mitgebrachtes Essen auf den Tisch legen und teilen. Nirgendwo sonst werden Pilgertum und christliche Nächstenliebe so authentisch praktiziert."

Da wir nun Zeit haben, gehen wir los, um die Kirche zu besichtigen.

Es ist ein wunderbarer romanischer Bau, der in den letzten Jahren gut restauriert wurde. Die Krypta können wir leider nicht besichtigen, da wir den Lichtschalter nicht finden.

Aber die berühmten Kapitelle, mit Darstellungen zu Verkündigung, Geburt Jesu und Anbetung der Könige, bewundere ich sehr. Ich bitte Mario, für mich ein Foto zu machen. Leider hat er kein Zoom an seiner Kamera, daher fällt das Ergebnis etwas dürftig aus.

Dann sind wir aber so durchgefroren, dass wir uns in der Bar aufwärmen wollen. Das gelingt dann auch perfekt, denn in einem Nebenraum ist ein schöner Kamin, in dem doch tatsächlich ein Feuer brennt! Hocherfreut lassen wir uns hier nieder und trinken erst mal einen schönen Kaffee. Hier, neben der Theke hängt ein Schild, mit der Aufschrift: 515,5 Km bis Santiago. Nicht gerade tröstlich.

Zur vereinbarten Zeit gehen wir dann wieder zu der alten Dame zurück. Sie geleitet uns gleich in die Küche. Auch Don Jose, der alte Pfarrer ist nun dazu gekommen. Er muss schon über die achtzig Jahre alt sein, wirkt aber noch rüstig. Sein Gesicht ist von unzähligen Falten zerfurcht. Ich will gerne glauben, das er selbst den *Camino* mehrmals gelaufen ist. Wir setzen uns an den Küchentisch und er stellt einen dampfenden Suppentopf in die Mitte. Seine Schwester stellt uns drei weiße Blechtassen und Suppenlöffel hin. Der alte Pfarrer schenkt uns persönlich ein. Er bleibt übrigens die ganze Zeit über Stehen, so als wolle er persönlich überwachen, dass es uns gut geht. Die Verständigung ist sehr schwierig, denn er redet zwar pausenlos, aber ist es das Alter, oder sein Dialekt, jedenfalls versteht Edita fast nichts.

Es wird dennoch ein angeregtes Gespräch, das wir mehr mit Gestik und Mimik führen. An den großen Gaskochern, den vielen Töpfen und dem großen Tisch, sehen wir, dass hier früher wirklich diese berühmte Gastlichkeit praktiziert wurde. Es ist anrührend zu sehen, wie der alte Mann aufblüht in dem Versuch, es uns noch mal so richtig zu zeigen, wie in den alten Zeiten.

Nach dem Essen und vielen Gesprächsversuchen, fragt er noch, wer von uns der Älteste ist. Ich melde mich. Da erklärt er, dass er noch mal mit seiner Schwester in die Stadt muss. Soweit wir verstehen, bin ich ab sofort für die Herberge verantwortlich. Würdevoll drückt er mir die Hand. Wir sind stolz und versprechen, ihn nicht zu enttäuschen. Dann verabschieden wir uns mit einem kräftigen Händedruck.

Hier das Rezept für die *Sopa Ajocha*

> Man nehme 5 altbackene Brötchen und zerkleinere sie mit einem Küchenmesser. In einen Topf, etwa drei Esslöffel Olivenöl geben und erhitzen. Eine Zwiebel klein hacken, drei mittelgroße Knoblauchzehen hacken und eine Paprikaknacker (*Chorizo*) klein schneiden. Alles in dem Olivenöl anbraten. Etwa einen Esslöffel Paprika zugeben. Wenn die Zwiebel glasig wird, mit 1,5 Liter Wasser auffüllen. Die Brötchenwürfel dazugeben und alles aufkochen lassen. Die Suppe mit Salz

abschmecken und so lange ziehen lassen, bis die Brötchenstücke weich und glasig sind. Nach Geschmack beim Servieren etwas saure Sahne unterrühren.

Da wir das alles noch verarbeiten wollen, gehen wir noch eine Runde durch das „Dorf". Außer dem Kloster mit seinen Nebengebäuden gibt es noch etwa 8 Häuser und ein paar Ställe. Alles macht einen verfallenen Eindruck. Als es dämmert, gehen wir zurück in die nun dunkle, eiskalte Herberge. Nach uns sind keine weiteren Pilger mehr gekommen. Wir legen uns in „unserem" Schlafsaal zur Ruhe.

Da wir die vielen Decken zur freien Verfügung haben, hole ich mir mehrere und baue mir damit eine Art Alkoven, indem ich je eine Decke, oben unter die Matratze stecke und sie dann herunterhängen lasse. So habe ich eine kleine Schlafkammer für mich. Edita und Mario machen es ebenso. Auch heute sind wir 30 Km gelaufen und rechtschaffen müde. Nach einigen Worten schlafen wir dann auch gleich ein.

8. Tag   10.04.2005

Wir erwachen früh kurz nach sieben Uhr. Im Raum sind nur sieben Grad! Ich habe sehr gut geschlafen und fühle mich erholt und bereit für den Tag. Das Zähneputzen in der eiskalten Toilette ist sehr gewöhnungsbedürftig! Schnell ziehen wir uns an, packen unsere Rucksäcke und räumen den Schlafsaal auf. Wir beschließen, erst mal loszugehen und uns warm zu laufen. Zuerst gehen wir fast nur geradeaus, ohne große Steigungen, durch jungen Kiefernwald. Bald dringt die Sonne durch den

Morgendunst, und es verspricht ein schöner Tag zu werden. Nachdem wir längere Zeit durch dichten Wald gelaufen sind, dehnt sich vor uns wieder eine breite, hügelige Ebene aus. Hier stehen nur noch vereinzelt Bäume.

Wir steigen in ein breites Tal hinab. Über leichte Hügel und durch Felder nähern wir uns dem Ort *Atapuerca*.

Es ist Sonntag, aber wir hoffen, dennoch eine offene *Panaderia* zu finden. Das Dorf ist wie ausgestorben. Als wir in der Ortsmitte sind, werden wir von zwei Reisebussen überholt, die vor uns auf einem Platz ihre Passagiere entlassen. Nach einigem Nachdenken fällt uns ein, dass hier ganz in der Nähe Überreste der ältesten „Europäer" entdeckt wurden. In Karsthöhlen wurden Knochen und Lagerplätze von ca. 800 000 Jahre alten Hominiden gefunden.

Das bringt natürlich auch am Sonntagmorgen ganze Familien auf die Beine.

Vor der einzigen, geschlossenen Bar des Ortes steht eine Bank. Hier parken wir unser Gepäck. Wir sehen, dass viele der Reisenden weiter die Straße hinunter gehen. Dann kommen die ersten Spanier mit *Baguette* zurück! Also gehen Edita und Mario in die Bäckerei und ich bewache die Rucksäcke.

Die Reisegruppen verschwinden wieder mit den Bussen. Und wir setzen uns auf die Bank, in die warme Morgensonne und machen Frühstück.

Es gibt frisches Baguette, *Chorizo*, Käse und Wasser. Das will ich natürlich aus meiner Blechtasse trinken, die immer an meinem Rucksack baumelte. Doch hier muss ich zu meinem großen Schrecken feststellen, dass ich sie scheinbar im Kloster San Juan de Ortega vergessen habe. Wahrscheinlich habe ich sie nach dem Zähneputzen stehen gelassen. Na — irgendein Pilger wird sich schon darüber freuen.

Frisch gestärkt gehen wir nun weiter. Kurz hinter dem Dorf steigen wir durch karge Wiesen, über hügeliges Gelände langsam aber stetig nach oben. Es ist ein wunderschöner Tag mit blauem Himmel, kleinen Wölkchen, frischer kalter Luft.

Auf der Passhöhe gehen wir über eine Art Hochmoor. Der Boden ist an vielen Stellen noch gefroren, aber da, wo er schon aufgetaut ist, versinken wir im Schlamm. Es ist weniger Gras, als vielmehr eine Art kurzes, von Schafen abgefressenes Heidekraut, über das wir uns einen Pfad suchen. Am höchsten Punkt steht eine Sendeanlage. Als wir daran vorbei gehen, sehen wir in einer weiten Ebene die Stadt *Burgos* liegen. Der Abstieg ist ziemlich steil und führt über sehr schlammige Wege. Jetzt wird die Landschaft immer mehr von Zeichen der Zivilisation geprägt. Viele Starkstrommasten prägen das Bild. Wir überqueren die Autobahn mit ihren Zubringern und als wir die Bahnlinie auf einer Brücke überschreiten, liegen vor uns die ersten Gewerbegebiete von *Burgos*.

Da der Wind immer noch ungehindert stark und kalt bläst, wollen wir uns aufwärmen und suchen eine Bar. Die finden wir dann auch gleich, nachdem wir eine kleine Neubausiedlung durchwandert haben.

Hier an einer stark befahrenen Ausfallstraße stehen einige Motels und Trucker- Restaurants. Genau gegenüber steht ein Hotel mit Restaurant, das auf uns einen guten Eindruck macht.

Hier suchen wir uns erst mal einen Platz in der Ecke, wo wir unsere Rucksäcke uns Pilgerstäbe abstellen können. Das Essen müssen wir an der Bar holen. Hier herrscht Gedränge, denn es ist ja Mittagszeit und im Fernsehen läuft gerade ein

Formel 1-Rennen. Wir drängeln uns durch und holen drei verschiedene Portionen, die wir uns dann teilen. Das ist einmal *Tortilla,* dann eine Portion gebratene *Chorizo* und ein Linseneintopf. Alles schmeckt sehr lecker!

Während wir essen, füllt sich die Bar mit mehr und mehr Menschen. Wir merken, dass es verschiedene Familien sind, die sich hier in der Bar treffen, um dann gemeinsam in den Hinterräumen Mittag zu essen.

Wir kommen uns vor, als würden wir einen Film sehen. Die Frauen begrüßen sich mit Küsschen links und rechts und die Männer mit festem Händedruck. Sie stehen dann alle gemeinsam in der Nähe der Bar, mit einem Bier in der Hand und beobachten das Rennen. Die Frauen stehen in einer anderen Ecke und unterhalten sich augenscheinlich über ihre Kleidung und die Frisuren. Die Kinder sitzen an einem der Tische und sind in den Gameboy eines der Jungen vertieft. Einer der älteren Herren versucht, die Jungs in ein Gespräch zu ziehen, scheitert aber und geht wieder zu der Männergruppe.

Als dann alle vollzählig sind, geht die ganze Großfamilie nach hinten, in den *Comedor.* Das ist der Speiseraum, den es eigentlich in jeder Bar gibt. Hier treffen sich die spanischen Familien am Abend, um zu Essen und sich zu Unterhalten. Die Bar wird schlagartig leer und auch wir zahlen und gehen.

Jetzt beginnt für uns der beschwerlichste Abschnitt. Wir laufen unendlich an langen Fabrikgebäuden, Lagerhallen und Einkaufszentren vorbei, begleitet vom Lärm der Autos. Die Fünf Kilometer bis in das Stadtgebiet ziehen sich unendlich lange hin.

Dann beginnt schlagartig die Stadt mit Hochhäusern, Tankstellen und Einkaufszeilen. Nachdem wir zwei Plätze überquert haben, sind wir so pflastermüde, dass wir noch mal rasten wollen. Wir entdecken am Weg eine Bar, die uns einen gepflegten Eindruck macht und kehren noch mal ein. Es ist voll, laut und verqualmt. Aber warm und wir können sitzen. Das ist eine dieser typischen spanischen Bars, in denen jeder seinen Abfall mit Schwung auf den Boden fallen lässt.

Je mehr dort liegt, umso besser ist die Bar, denn es waren schon mehr Kunden da.

Während wir uns aufwärmen und einen Kaffee trinken, beobachten wir einen schönen Hund, der direkt vor unserem Fenster an einer Laterne angebunden ist. Er schaut unverdrossen zu unserem Fenster her, immer auf der Suche nach seinem Menschen. Es ist zu Herzen gehend zu sehen, wie er bei jedem, der die Bar verlässt, aufspringt, sich enttäuscht abwendet, wieder unruhig zu unserem Fenster sieht und sich dann resigniert hinlegt. So geht das eine ganze Weile, bis er doch wirklich abgeholt wird. Dieser Freudensprünge! Erleichtert zahlen wir und gehen auch.

Wir sind jetzt mitten in der Großstadt mit großen Plätzen voller Ampeln, Ladenstraßen und Hochhäusern. Dann beginnt die Altstadt und die Straßen werden enger. Anstelle der gelben Pfeile leiten uns nun in den Boden eingelassene Jacobsmuscheln aus Messing.

Und dann sehen wir sie, die Kathedrale von Burgos! Frisch renoviert, in hellem Sandstein und gestaltet in der reinsten Hochgotik, steht sie vor uns. Ich kann mich nicht satt sehen. Doch dann gehen wir weiter, denn so ein Bauwerk muss gebührend gewürdigt werden, daher machen wir morgen einen Tag Pause, um die Stadt und die Kirche zu besichtigen. Jetzt geht es hügelan, über Kopfsteinpflaster, durch romantische Gassen mit schön renovierten Häusern, in denen viele kleine Läden und Restaurants untergebracht sind.

Vorbei an dem riesigen Gebäudekomplex eines ehemaligen Priesterseminars, in dem jetzt ein Nobelhotel ist, gehen wir bergab durch ein uraltes Stadttor. Der angrenzende Stadtteil ist nicht mehr so gepflegt. Hier ist „nur" normale Altstadt und wir sehen auch kaputte und zerfallende Häuser. Den Rio *Arlonzon* überqueren wir auf der alten Brücke aus dem 15. Jahrhundert. Daneben steht eine Steinsäule mit einem Kreuz obenauf. Das ist eine von vielen Pilgersäulen, die überall entlang des Jacobsweges zu finden sind. Ich berühre den alten Stein und denke an die vielen Pilger vor mir, die hier ebenso gestanden haben.

Dann kommen wir in einen schönen Park mit altem Baumbestand. Mitten darin stehen drei flache Bungalows aus Holz.Das ist die Pilgerherberge. Wir melden uns an, bekommen unseren Stempel und suchen uns schnell ein Bett. Ich habe Glück und kann wieder unten schlafen. Hier ist es sehr eng, zwischen den Doppelstockbetten kann gerade ein Mensch gehen.Doch das sind wir ja nun schon gewöhnt. Also, erst mal auspacken, duschen und neue Kleidung anziehen. Meinen Rucksack schiebe ich unter das Bett und bin ganz zufrieden mit dieser Lösung.

Heute haben wir 25 Km geschafft, aber immer noch Kraft, um noch mal in die Stadt zu gehen. Wir gehen denselben Weg zurück. In einer großen Ladenstraße kaufen wir noch einige Lebensmittel für die nächsten Tage.

In einem Türkischen Restaurant, in dem wir von Chinesen bedient werden, essen wir einen Dönerteller mit Reis und ich beschließe den Abend mit einer großen *Caña* Bier. Dann bummeln wir an den schön beleuchteten Kirchen und Plätzen vorbei. Zurück in der Herberge gehen wir schnell zu Bett.

Da wir ja heute keine Pilger sind, sondern „nur" Touristen, beachten wir die aufbrechenden Pilger nicht und stehen erst auf, als das Zimmer leer ist. Acht Uhr verlassen wir die Herberge und suchen uns erst mal eine Bar, um in Ruhe Frühstück zu essen.

Dann gehen wir zur Kathedrale.

Jetzt, hier unten auf dem Platz, wirkt sie auf mich noch schöner und atemberaubender, als gestern. Trotz der vielen Anbauten wirkt sie wie aus einem Guss. Durch den frisch abgestrahlten Sandstein macht der riesige Komplex einen leichten, verspielten Eindruck und hat nicht diese düstere Schwere, wie wir sie von den dunklen Kirchen aus Deutschland kennen.

Wir holen uns Karten und lassen unsere Pilgerstäbe an der Rezeption.

Edita fragt gleich auf Spanisch nach einer Pilgerermäßigung. Wir haben Glück! Hier gibt es Eintrittskarten für Pilger, für nur 1,00€.

Die Kathedrale wirkt im Inneren noch grandioser als von Außen. Das Mittelschiff ist sehr schmal, dafür wirkt es aber unendlich hoch. Der edle Raumeindruck wird allerdings stark gemindert, durch die vielen Einbauten aus den nachfolgenden Jahrhunderten. Es gibt unendlich viele Kapellen und Seitenaltäre. Dennoch sind viele unschätzbare Kunstwerke darunter. Wir gehen dann auch durch die vielen Gebäude und Anbauten, die nun als Museumsräume dienen. Uns beeindruckt vor allem der riesige begehbare Kamin. Das ist ein fast quadratischer Raum mit etwa zehn Meter langen Wänden. Darüber verjüngen sich die Wände, pyramidenförmig weit nach Oben und lassen nur eine Öffnung frei. Das ist der Rauchabzug. In diesem Raum war die Küche, also eigentlich nur mehrere Herde mit offenem Feuer, deren Rauch nach Oben abziehen konnte.

In einem anderen Raum wird die Kiste des Cid gezeigt. Das ist eine uralte, eisenbeschlagene

Holzkiste, die hoch oben an einer Wand befestigt ist. Dazu gibt es eine schöne Anekdote. *El Cid*, der berühmte Nationalheld Spaniens, war bei seinem König in Ungnade gefallen. Eine Zeit lang diente er dann bei den Mauren. Dass er nun gegen seine ehemaligen Waffengefährten kämpfte störte damals Niemanden. Als er dann wieder auf Seiten des Königs kämpfen wollte, brauchte er natürlich ein eigenes Heer. Das Geld für seine Söldner borgte er sich von einem jüdischen Geldverleiher. Der wollte eine Sicherheit. So stellte er ihm diese Kiste vor die Füße. Sie sei voller wertvoller Kriegsbeute und Versiegelt. Der Jude musste ihm wohl oder übel glauben und händigte *El Cid* das Geld aus. Nachdem er seine Schlachten gewonnen hatte und beim König wieder in Ansehen stand, ging er zu dem Geldverleiher um sein Pfand auszulösen. Treu bezahlte er die Summe und den Zins. Dann bat ihn der Jude, er solle die Kiste öffnen. Lächelnd hob *El Cid* den Deckel – in der Kiste waren nur Steine!

Nach drei Stunden voller Sehen und Staunen verlassen wir dieses beeindruckende Bauwerk. Auf dem Platz vor der Kathedrale entdecken wir ein originelles Pilgerdenkmal.

Auf einer Bank aus Bronze, sitzt ein nackter Pilger, dessen Körper über und über mit Geschwüren überdeckt ist. Doch er hat ein beeindruckend schönes Gesicht. Neben ihm lassen wir uns von einem holländischen Ehepaar fotografieren.

Dann gehen wir durch das alte, gotische Stadttor. Davor ist die älteste Brücke über den *Rio Arlonzon.* Dahinter beginnt gleich wieder das pulsierende Leben der Großstadt. Hier, an einer belebten Kreuzung trennen wir uns. Edita und Mario suchen sich ein Hotel für die nächste Nacht und ich will noch etwas durch die Stadt bummeln. Am Nachmittag wollen wir uns dann wieder auf dem Platz vor der Kathedrale treffen.

Als ich später in der Herberge den Schlafraum betrete, liegt in einem Bett, gleich am Eingang ein neuer Pilger, mit einem Schlapphut in Tarnfarben über dem Gesicht.

Als ich mich mit zwei Berliner Radpilgern unterhalte, sagt eine Stimme unter dem Hut:

„Das klingt doch wie sächsisch." Erstaunt antworte ich:

„Na, ja, mehr Randsachsen. Ich komme aus Altenburg."

„Und ich bin der Bernd aus Kamz (Chemnitz)! Da bist du doch ganz aus der Nähe."

So lerne ich meinen späteren Pilgerbruder Bernd kennen.

Ich verbringe die Zeit mit Sachen kontrollieren und Umpacken, da ich ja ab morgen alleine weitergehen will.

Als ich dann wieder in die Innenstadt gehen will, ist Bernd auch gerade zum Aufbruch bereit. Da wir dasselbe Ziel haben, gehen wir gemeinsam. Wir unterhalten uns natürlich über unsere Motive, auf den Pilgerweg zu gehen.

Auf der *Plaza*, vor der Kathedrale treffen wir dann auch Edita und Mario wieder. Sie hatten Erfolg, das Hotel ist nicht weit entfernt, sauber und preiswert. Darauf gehen wir in eine kleine, gemütliche Bar und bestellen Kaffee. Bernd hat sich uns angeschlossen und so plaudern wir über unsere Pilgereindrücke von vor zwei Jahren, als wir auf dem Abschnitt unterwegs waren, den Bernd in diesem Jahr schon zurückgelegt hat. Er hat vor drei Wochen in Saint Jean Pied de Port, am Fuße der Pyrenäen begonnen. Schon nach den ersten drei Tagen hatte er Blasen an den Füßen. So hat er sich den ganzen Weg bis hier nach *Burgos* gequält! Und so will er auch noch weiter bis nach Santiago kommen. Ich habe große Hochachtung davor, das man sich selbst so überwinden kann. An dieser Stelle kann ich ja sagen, dass die „Wunder" -Schuhe mich bis zum Ende vor Blasen bewahrt haben.

Als der Wirt bemerkt, dass wir Pilger sind, bietet er uns einen Stempel für unseren *Credencial*, den Pilgerpass an. Natürlich holen wir uns den Stempel!

Vor der Bar trennen wir uns. Bernd will in die Kathedrale gehen und wir drei machen noch einen Stadtbummel. Wir steigen hoch auf den Hügel über der Stadt. Dort sind Reste einer Burg, eines

Castillio, zu sehen. Leider wegen Bauarbeiten geschlossen. Aber von den Mauern aus hat man einen schönen Rundblick über die Stadt. Wir sehen die Berge, von denen wir gestern bei Raureif abgestiegen sind. Und wir sehen in die Ferne, dahin wo mich morgen meine Füße tragen werden.

Wieder in der Altstadt machen wir Abendbrot in einem gemütlichen Restaurante, gleich neben dem Stadttor. Wir essen gut und trinken guten Wein, denn das ist ja nun das Abschiedsessen.

Vor dem Stadttor umarmen wir uns noch mal. Und dann gehe ich nach rechts, den Weg in die Herberge und meine beiden Begleiter gehen über die Brücke, zu ihrem Hotel. Ich drehe mich noch mal um. Wir winken uns aus der Ferne zu. Dann sind sie im Gedränge der Menschen verschwunden.

In der Herberge gehe ich gleich Duschen und dann zu Bett.

Da ich am Nachmittag mein Bett gewechselt habe, in eine (vermeintlich) ruhige Ecke, habe ich eine unruhige Nacht. Denn direkt hinter meinem Kopf, nur durch eine dünne Holzwand getrennt, befindet sich die Spüle der Männer- Toilette! Bingo! Irgendwann nach 1.00 Uhr bin ich dann wohl eingeschlafen.

10. Tag   12.04.2005

Trotz der unruhigen Nacht stehe ich gegen 7.00 Uhr auf. Da es in der Herberge so eng ist, mache ich mich schnell auf den Weg und will irgendwo unterwegs Frühstücken.
Die Luft ist frisch und der Himmel bedeckt. Mit Schwung und Elan laufe ich los. Der Himmel ist bedeckt und es ist kühl.
Das ist nun endlich mein erster „eigener" Pilgertag. Ich freue mich darauf, auch mal ganz alleine zu sein. Nachdem ich das Ende des Parks erreicht habe, gehe ich kurz an kleinen Häusern entlang, über eine große Kreuzung und dann durch eine Hochhaussiedlung.
Aber bald beginnen schon wieder die dörflichen Vororte. Kleine Häuser in großen Gärten. Dazwischen Felder und Obstplantagen. Eine Kaserne zur rechten und dann macht der Weg eine scharfe Biegung nach links und ich bin wieder auf dem Camino.
Inzwischen hat es angefangen, leicht zu Regnen und ich habe meinen Regenponcho übergezogen. Der Wind weht scharf von vorn aber ich bin guten Mutes. Und wenig später hört es auch wieder auf. Im ersten Dorf, *Tardajos*, mache ich Rast in einer Bar. Zwei französisch sprechende Pilger sitzen an einem Tisch und ein Gast an der Theke. Ich bestelle *Te con leche*(Tee mit Milch) denn das ist das Beste um sich aufzuwärmen. Zu dem Kännchen Tee bekommt man noch ein Kännchen heiße Milch, Zucker und einen Keks. Ich Ruhe mich aus und genieße das warme Getränk. Die beiden Franzosen

81

brechen auf und bald mache ich mich auch wieder auf den Weg. (Diese beiden älteren Herren werden wir auf dem gesamten Pilgerweg immer wieder treffen und sie werden für uns liebe Freunde. Leider ist die Verständigung nur in Englisch möglich.)

Gegenüber, auf der anderen Straßenseite ist deutlich der gelbe Pfeil zu sehen und so gehe ich frohgemut weiter. Außerhalb der Ortschaft beginnt der Weg ständig zu steigen. Zwischen den Feldern erscheinen jetzt ockerfarbene Hügel und Abbruchkanten aus Sandstein und Geröll. Nach einigen Kilometern ist auf halber Höhe, rechts, neben dem Weg eine schöne Raststelle zu sehen. Ich beschließe, an diesem Platz Mittagsrast zu machen.
Es gibt hier eine L-förmige Mauer mit einer steinernen Sitzfläche, eine Pumpe und eine Grillstelle. Alles wird überdacht von den Zweigen eines großen Baumes, der aber jetzt im Frühling noch kahl ist. Durch die Mauer ist es hier windgeschützt, so dass ich mich in Ruhe niederlassen kann. Da der Rastplatz etwa hundert Meter vom Weg entfernt ist, kann ich nicht erkennen, wer da einsam vorbei läuft. Später erfahre ich, dass es Bernd war.
Mein Mittagessen besteht aus einem Drittel Baguette, einer Knacker, die hier *Chorizo* genannt wird, etwas hartem Käse, einer Tomate, einer Orange und viel klarem Wasser. Das ist mein normales Mittagessen, außer an den Tagen, da ich in einer Bar eine *Sopa* gegessen habe.
Ausgeruht geht es nun wieder auf den Weg. Schon bläst mich der Wind an und die Augen tränen.

Der Weg führt immer weiter bergauf, durch endlose Felder, nur unterbrochen von den Sandsteinhügeln. Da links und rechts, in der Ferne das Gelände weiter ansteigt, ist nirgends eine Ortschaft zu sehen. Auch Bäume fehlen hier fast ganz. Bis auf einige Hecken ist alles karg. Weit über mir kreisen große Raubvögel und ihre lang gezogenen Schreie sind die einzigen Geräusche in dieser kargen Landschaft.

Dann sehe ich vor mir zwei schwankende Gestalten. Beim Näher kommen erkenne ich, das es zwei Pilgerinnen mit Regenponchos über ihren Rucksäcken sind. Ich grüße mit dem Pilgergruß *„Bon Camino“* (Guten Weg) und überhole sie, denn sie sind sehr langsam. Die jüngere der beiden Frauen hat sicher schlimme Blasen, da sie sehr humpelt.

Kurz danach kommt ein Dorf in Sicht. *Rabe de las Calzadas*. Ich bin froh, denn der kalte Wind dringt durch alle Ritzen der Kleidung. Endlich Wärme und natürlich wieder *Tee con leche*!

Als ich gehe, kommen auch die beiden Pilgerinnen in die Bar. Jetzt wünschen sie mir *Bon Camino* und „Ultreia“, das ist ein uraltes mittelalterliches Grußwort und meint so viel wie „weiter so, lass dich nicht verzagen“

Bis zu diesem Dorf habe ich etwa 15 km zurückgelegt. Und weiter geht es auf dem Camino. Ich bin jetzt auf einer Hochebene angelangt. Nach Vorn, in Richtung Westen geht der Blick geradeaus in unendliche Fernen. Rechts, im Norden kommen weit in der Ferne Schneebedeckte Berge in Sicht.

Weiter, immer weiter gehe ich durch völlig ebene Felder. So erreiche ich das Dorf *Hornillos*. Wieder mache ich eine kurze Pause zum Aufwärmen. Im nächsten Ort, *San Bol*, soll es eine Herberge geben. Bis dahin sind es noch 6 Km und ich fühle mich noch frisch. So gehe ich weiter. An der Wegkreuzung, an der ich nach links zur Herberge abbiegen müsste, entscheide ich mich, doch lieber weiter nach *Hontanas* zu gehen. Ich bin einmal so in Schwung und außerdem ist es so hundkalt geworden, das eigentlich nur die Bewegung warm hält. Nach einer kurzen Rast im Straßengraben, um mich vor dem Wind zu verstecken, gehe ich weiter.

Es beginnt noch mal ein steiler Anstieg. Der Weg windet sich immer höher, die Felder verschwinden und machen kleinwüchsigem Baumgestrüpp platz. Hier kann ich auch sehr große Raubvögel beobachten, aber ich kann nicht erkennen, was für Vögel es sind. Oben auf der Höhe bin ich wieder auf einem Hochplateau. Der Wind wird fast zum Sturm.

Ich habe den ganzen Tag meinen Regenponcho übergezogen, der mir als Schutz vor dem Wind gute Dienste leistet. Jetzt muss ich die Ränder mit beiden Händen festhalten und es knattert und flattert an mir wie an einem alten Segelschiff.

Auch diese Hochebene wird intensiv für Ackerbau genutzt. Ich überquere eine einzige Landstraße, auf der in weiter Ferne ein Auto zu sehen ist – sonst bin ich weit und breit der einzige Mensch, bis zum Horizont.

Hier, in dieser Einöde ist es auch, wo ich mir mein Pilgergebet aneigne. In der Tradition der Orthodoxen Kirche in Russland, gibt es auch eine jahrhundertealte Pilgertradition. Dort ist auch das so genannte Herzensgebet entstanden. „ -Jesus Christus, mein Retter und Erlöser, erbarme dich unser- „. Diesen Text sollte der Pilger als immerwährendes Gebet still oder laut sprechen. Hier auf diesen einsamen Wegen kommen mir diese Worte wie von selbst in den Sinn.

Im Rhythmus der Schritte laut oder leise gesprochen, probiere ich so lange mit den Silben, bis sich wie von selbst eine Melodie dazufügt.

Nach einigen Kilometern merke ich wie dieses singende Sprechen dazu führt, meinen Schritt ruhig und gleichmäßig werden zu lassen.

Ich gehe wie von selbst. Diese Erfahrung kann ich von nun an jeden Tag machen.

So, ganz in Gedanken, stehe ich plötzlich an einer Steilkante, wo der Weg in steilen Serpentinen bergab führt. Vor mir liegt ein breites Tal und gegenüber erhebt sich wieder eine Hochebene.

Unten im Tal sind wieder Felder und ein Dorf mit einer Kirche. Das ist mein heutiges Ziel, *Hontanas*.

Hontanas 12.04.'05

Der Ort besteht aus stabilen Steinhäusern. Die
meisten sind nicht mehr bewohnt oder werden als
Viehstall genutzt. Ich komme an einer kleinen Bar
vorbei, aber da hier alles nur so vor Dreck strotzt,
gehe ich schnell weiter. Dann sehe ich eine weitere
Bar, mehr ein Restaurant, das auch als private
Herberge genutzt werden kann. Ich will aber in die
staatliche *Alberque* und gehe weiter. Dann erreiche
ich sie endlich.
Ein schön renoviertes, großes Steinhaus, aus dem
14. Jahrhundert. Ich betrete den Flur und werde
von einer älteren Frau begrüßt. Die *Hospitalera*

überschüttet mich mit einem Schwall spanischer Worte, aber als sie merkt, das ich fast nichts verstehe, holt sie das Herbergsverzeichnis und trägt mich ein und gibt mir den Stempel in meinen Pilgerpass. Dann steige ich in den ersten Stock, gehe in den kalten Schlafsaal uns treffe Bernd! Wir sind hier die einzigen Pilger und werden es auch bis Morgen bleiben.

Ich belege mein Bett und gehe erst mal Duschen. Alles ist ordentlich und neu, in einem rustikalen Stil, dem Haus entsprechend eingerichtet.

Nachdem ich mich erfrischt habe und Bernd seine Füße restauriert hat, gehen wir noch in die bessere Bar. Hier ist es schön warm und gemütlich. Bei Tee und später einem Bier schreibe ich Tagebuch. Später gehe ich noch mal los, an den Ortseingang und male ein Bild für mein Skizzenbuch. ...

Dann gehe ich schlafen und freue mich schon auf Morgen.

11. Tag   13.04.2005

Ich habe gut geschlafen und erwache ausgeruht. Da wir die Fensterladen geschlossen hatten, haben wir bis 7.30 Uhr geschlafen.

In der kleinen (kalten) Küche machen wir uns Wasser warm und bereiten uns einen Morgenkaffee zu. Nach einem kleinen Frühstück gehen wir gemeinsam los.

Hier in diesem Tal ist es geschützter. Von dem kalten Wind ist nichts zu spüren. Die Sonne scheint warm und auf den satten Wiesen glänzt der Tau. An schattigen Stellen liegt noch Raureif. Der Weg verläuft jetzt immer in halber Höhe an einem der Abhänge des Tales. Die Hänge sind karg und werden zur Viehzucht benutzt. Wir schlängeln uns zwischen Hecken und Büschen hindurch und gelangen so auf die Straße nach *Castrojeriz.*

Jetzt geht der Pilgerweg einige Kilometer auf der Straße entlang. Doch die vielen Pilgerfüße haben im Laufe der Jahre einen kleinen Trampelpfad links der Straße getreten. So kommen wir ziemlich gut nach *San Anton.* Das sind die Überreste eines ehemaligen Klosters.

Der alte Pilgerweg führte früher direkt durch die Vorhalle der Kirche.

Gegenüber dem Portal waren Räume, in denen Leprakranke eingeschlossen waren. Durch ein schmales Fenster konnten sie die vorbeiziehenden Pilger um Spenden bitten.

Das Fenster ist jetzt zugemauert, ebenso das schöne, reich verzierte Portal. Die ganze Anlage ist Ruine und lässt ihre einstige Größe nur noch erahnen.

Ich raste, da ich natürlich eine Skizze machen will. Bernd geht inzwischen weiter.

San Avton, Westerwine 13.04.'05

.

Gestern Abend haben wir uns geeinigt, dass wir nur eine lose Pilgergemeinschaft bilden wollen. Also, jeder geht seinen eigenen Stil und wenn es gut geht trifft man sich am Abend. Wir finden das beide so am besten.

Nachdem ich fertig bin, packe ich mit klammen Fingern mein Skizzenbuch ein. Die Sonne scheint zwar, aber es ist doch noch sehr kühl.

Dann gehe ich weiter auf der Landstraße. In der Ferne sehe ich den Ort *Castrojeriz*. Es ist ein schöner Anblick, wie sich der Berg mit einer Burgruine über der kleinen Stadt erhebt. Im Ort komme ich an einer Bar vorbei, die auch als Herberge dient. Hier trinke ich einen Kaffee und bekomme vom Wirt eine *Margarita* (spanisches Gebäck) geschenkt. Hier treffe ich auch die beiden französischen Pilger wieder. Sie wollen gerade aufbrechen. Wir grüßen uns mit *Bon Camino*. Die Bar ist sehr schön mir alten Landwirtschaftlichen Gegenständen dekoriert. Doch das Besondere sind Hunderte von Geldscheinen aus aller Welt, die der Wirt an den Deckenbalken befestigt hat!

Als ich weitergehe muss ich meine Jacke ausziehen, denn jetzt brennt die Sonne doch schon sehr. Durch eine Ebene, mit Weiden und Feldern geht es über einen kleinen Fluss. Der Pilgerweg führt durch das Überschwemmungsgebiet und hier wurde ein uralter Steinwall rekonstruiert, der schon im Mittelalter den Pilgern diente. Man geht auf dem Wall, der ca. 1,50m breit ist, bis zu der kleinen Brücke. Dahinter geht die Straße weiter. Vor mir erhebt sich ein, etwa 100 Meter hoher Steinabhang. Er wirkt auf mich wie der Rand eines Canons. Der Aufstieg ist sehr steil und der Weg verläuft in Serpentinen, immer in der prallen Sonne. Die Felswände bestehen hauptsächlich aus weichem Sandstein, dann gepresstes Geröll und im Oberen Viertel aus Kalksteinschichtungen. Ich komme nur langsam voran. Die Sonne brennt heiß und ich kann kaum etwas sehen, denn das Licht blendet mich sehr. Überall sehe ich kleine Lichtblitze, das sind unzählige Glimmerstückchen, die hier überall im Boden und in den Felswänden verteilt sind. Beim Beginn des Aufstieges, konnte ich weit oben einen einzelnen Pilger erkennen, das war Bernd.

Als ich oben ankomme, bin ich völlig erschöpft. Da es hier eine schöne Raststelle mit Bänken gibt, mache ich erst mal ausgiebig Pause. Jetzt hole ich auch die kurzen Hosen raus und creme mich mit Sonnecreme ein.

So erfrischt gehe ich nun weiter. Vor mir erstreckt sich eine tischebene Fläche. Das ist der Beginn der Meseta. So flach soll es nun die nächsten Tage weitergehen. Die Pilger, die im Sommer gehen, fürchten sich vor der Gluthölle der Meseta. Ich hoffe, dass es jetzt im Frühling nicht ganz so schlimm wird. Weil die Strapazen in der Sonnenglut in vielen Pilgerberichten beschrieben werden, haben wir uns extra für die Zeit im April entschieden.

Der Boden, über den ich gehe ist an einigen Stellen so karg, das man den blanken Felsen sehen kann. Es sind ehemalige Korallenbänke, ich sehe die ausgewaschenen Löcher und Hohlräume, an manchen Stellen ist es als würde man, wie unter Wasser über eine Korallenbank gehen.

Nach fünf Kilometern beginnt wieder ein sehr steiler Abstieg, der aber nur kurz nach unten führt. Hier ist der Boden fruchtbarer, weil es nun wieder durch endlose Felder mit zartgrünen Getreidepflanzen geht. Hier beginnt der Weg wieder anzusteigen.

Nach weiteren fünf Kilometern erreiche ich eine schöne Raststelle, direkt neben der Straße. Es gibt eine gefasste Quelle mit sehr klarem, gut schmeckendem Wasser, die *Fuente el Piojo*. Hier mache ich auch Mittagsrast. Leider ist der frisch gepflanzte Baum eingegangen, so dass ich in der Prallen Sonne sitze. Ich kann den Weg bis zu dem Abstieg zurück überblicken. In der Ferne sehe ich eine einzelne Gestalt. Es dauert immerhin 20 Minuten, bis der einsame Pilger an mir vorbei geht. *Bon Camino*!

Jetzt geht es weiter, neben der Straße entlang. Hier steigt das Gelände etwas an, um dann gleich wieder in ein breites Tal abzufallen. Nach einem kleinen Dorf komme ich an die ehemalige Kirche *San Nicolas*.

Sie ist nicht größer als eine Kapelle. Hier ist in der Sommersaison eine schöne Herberge, die von Italienern betreut wird. Jetzt ist noch alles verschlossen und so gehe ich weiter über eine lange Steinbrücke. Gleich dahinter zweigt der Pilgerweg nach rechts ab

und daneben steht eine große Hinweistafel, die besagt, dass man nun in die Provinz *Palencia* eintritt.

Zuerst entlang des Flussufers, dann durch Felder gehe ich nun wieder durch die endlose Ebene. Es geht nun kilometerweit geradeaus. Nach einer Rast auf einem Kilometerstein sehe ich von weitem den Kirchturm von *Boadilla del Camino.* Das ist mein heutiges Ziel.

Aber ich brauche noch einige Zeit, bis ich an den Ortsrand komme.

Hier stehen noch Überreste von ehemaligen Taubenhäusern. Sie sind ganz aus Lehmziegeln erbaut, rund und haben in ihrem Inneren unendlich viele Öffnungen, die den Tauben als Nistplatz dienten.

Mit letzter Kraft schleppe ich mich auf schmerzenden Füßen durch den Ort. In der privaten Herberge sinke ich auf den Stuhl und bin froh, diese lange Etappe geschafft zu haben. Es ist jetzt 15.30 Uhr und ich bin heute 34 Km gelaufen.

Nachdem die Wirtin die Formalitäten erledigt hat und ich meinen Stempel habe, vereinbare ich mit den wenigen spanischen Brocken, die ich beherrsche, dass sie meine Wäsche waschen und trocknen wird. Erleichtert gehe ich in den Schlafraum. Das letzte freie Bett, gleich an der Tür hat noch auf mich gewartet!

Als ich frisch geduscht und neu eingekleidet aus der Tür trete, treffe ich Bernd wieder! Wir begrüßen uns herzlich und setzen uns in den Schatten zum Reden. Es stellt sich heraus, dass er immer etwa eine halbe Stunde vor mir war. Später mache ich noch eine Skizze von der mittelalterlichen Pilgersäule, auf dem Platz vor der Kirche.

Mit schmerzenden Füßen und meinen Badeschlappen an den Füßen, gehe ich noch einige hundert Meter zurück, um noch eine Skizze von den alten Taubenhäusern zu machen.

Da die Sonne jetzt stark brennt, beeile ich mich, schnell wieder zurück in den Schatten der Herberge zu kommen. Sie befindet sich in einem ehemaligen Bauernhof, der liebevoll ausgebaut wurde. Der Innenhof ist begrünt und mit vielen bäuerlichen Fundstücken dekoriert. dekoriert.

Zum Abendessen gehen wir alle in den Speiseraum. Die Wirtin setzt uns nach Nationen an die Tische, damit wir uns besser unterhalten können. Also, die Spanier an einen Tisch, die Italiener an den nächsten und uns zwei Deutsche setzt sie mit den, mir schon bekannten, Franzosen und einem Australier an einen Tisch. Das war der junge Mann, der mich bei der Rast an der Quelle überholt hat. Da ich etwas englisch kann, kann ich wenigstens verstehen, was gesprochen wird, da die Franzosen beide sehr gut englisch sprechen. So kann ich für Bernd den Dolmetscher spielen.

Zum Essen gibt es eine Hühnersuppe als Vorspeise, Rinderfilet als Hauptgang und natürlich als Nachspeise *Flan*, eine Art Pudding mit Karamellsoße.

Wir trinken noch einen Espresso und sind rundum zufrieden.

In der Herberge gibt es auch einen Internet- Zugang, den ich nutze um einen ersten Gruß in die Heimat zu schicken.

Nachdem wir noch etwas im Garten gesessen und geplaudert haben, gehen wir dann früh schlafen.

Boadilla de Camino, "Prayer und Tür zur, Albergue en el Camino"   13.04.'15

Boadilla del Camino, Taubenhaus aus Lehmziegeln   13.04.'05

Diese Taubenhäuser sind ganz aus Lehmziegeln gebaut.
Im Inneren sind mehrere Wände, in die unzählige
Bruthöhlen eingelassen sind. Hier in der Meseta ist
Lehm das meistverbreitete und billigste Baumaterial.
Ich habe gelesen, dass diese Taubenhäuser vor allem
zur Versorgung der Bauern mit Fleisch und Eiern
gedient haben.

12. Tag   14.04.2005

Gut erholt, erwachen hier alle etwa zur gleichen Zeit. Es gibt einiges Gedränge vor den Toiletten. Doch dann sind alle pünktlich zum Frühstück im Speiseraum. Es gibt Kaffee, Toast, Butter und Marmelade. Für spanische Verhältnisse ein ungewöhnlich reichhaltiges Essen. Dann packen wir unsere Sachen zusammen, nehmen unsere Pilgerstöcke und gehen wieder auf den Weg

Der Himmel ist wolkenlos und es wird sicher wieder ein heißer Tag werden. Doch im Moment weht wieder ein eisiger Wind aus West, also von vorn. Hinter den letzten Häusern des Ortes führt uns der Weg fünf Kilometer auf der Dammkrone eines alten Kanals entlang.

Das ist der Kanal von Kastilien, der im 18.Jahrhundert erbaut wurde und als Meisterwerk der Baukunst galt. Als Transportweg geplant, dient er heute der Bewässerung weiter Teile der *Tierra de Campos*.

Auf diesem Weg komme ich auch mit Bernd länger und tiefer ins Gespräch. Wir reden viel über die eigenen Beweggründe für das Pilgern, woher wir überhaupt erfahren haben, das es diesen Pilgerweg gibt und was wir uns erhoffen. Natürlich kommen wir auch auf Fragen des Glaubens und der Religion zu sprechen. Es wird ein sehr offenes und ehrliches Gespräch und wir merken, dass wir uns vertrauen und respektieren können. Hier wird mir immer deutlicher, wie das Pilgern auch auf dieser, zwischenmenschlichen Ebene wirkt. Es ist dieses grundsätzliche Heraustreten aus dem „normalen" Leben. Es ist die Gleichheit, die verbindet. Gleich ist das unmittelbare Erleben, das Wetter, die schmerzenden Füße, die Landschaft. Gleich sind die zurückliegenden Erfahrungen, die Überstandene Mühsal und die erlebten Freuden. Gleich ist die Zukunft. Sie wird vorgegeben durch den Camino. Alle haben wir dasselbe Ziel. Wir wollen Ankommen, wollen durchhalten. Und es ist nicht viel zu sorgen und zu planen. Der Weg existiert. Die Herbergen warten und ich weiß, dass ich am Abend eine Unterkunft habe. Mehr ist nicht zu bedenken. Und Wasser, finde ich überall. Essen kann ich billig kaufen. Ich merke, mit wie wenig ich eigentlich auskommen kann. Natürlich ist das eine Ausnahmesituation, im Leben Zuhause sieht es anders aus. Doch durch diese Erfahrung der Einfachheit, der Langsamkeit, der Reizarmut kann ich mich neu justieren. Ich kann mein Maß, MEIN eigenes Maß finden. Das kann mir dann helfen zu entscheiden was und wie viel vom bürgerlichen Leben ich haben will. Es ist dieses selbstbestimmte Leben, das die Menschen immer wieder auf den Camino zieht.

San Martin Fromista   14.04.'05

Am Ortanfang von *Fromista* überqueren wir den beeindruckenden Bau einer Schleuse aus dem 18. Jahrhundert. In dieser kleinen Stadt, steht eine der bedeutendsten romanischen Kirchen auf dem ganzen Camino. Natürlich bin ich schon gespannt! Sie ist relativ klein, etwa 50m lang und 30 m breit. Aber die Gestaltung aller architektonischen Elemente der Romanik ist von beeindruckender Harmonie. Nichts ist zu hoch oder zu breit. Keine Verzierung ist zu viel oder zu üppig.

Ich bleibe, um zu Zeichnen. Bernd braucht seinen Schwung und Rhythmus und geht wieder weiter.

Ich umrunde die Kirche und bin enttäuscht, dass sie geschlossen ist, da ich dachte, katholische Kirchen wären immer geöffnet.

Dann mache ich meine Skizze, nehme einen Schluck aus dem Wasserbeutel und gehe dann weiter.

Zu dem Beutel muss ich hier eine Anmerkung machen. Das ist ein Weinschlauch aus Ziegenleder, den ich vor zwei Jahren in Pamplona als Geschenk für meinen jüngsten Sohn gekauft habe. In diesem Jahr habe ich mir diesen Beutel von ihm ausgeborgt, da er stilechter ist. Doch schon jetzt macht er mir Sorgen, denn er ist an irgendeiner Stelle undicht. Sicher habe ich ihn beim Abstellen meines Rucksackes auf einen spitzen Ast oder Dorn gelegt. Ich hoffe, dass er bis zum Ende durchhält.

Weiter gehe ich, durch den Ort, der hier nicht besonders schön ist. Mein Eindruck ist, das die Kirche das einzig sehenswerte an *Fromista* ist. Hinter der Stadt verläuft der Pilgerweg mehrere Kilometer rechts der stark befahrenen Landstraße. Immer schnurgerade, genau auf den Horizont zu. Ich durchquere die Ortschaft *Poblacion de Campos*. Auch dahinter führt der Weg immer schnurgerade, nur von frisch gepflanzten Bäumchen gesäumt durch die flachen Felder.

An jeder Einfahrt zu einem Acker stehen vier Betonsteine, die mit der gelben Muschel auf blauem Grund gekennzeichnet sind. Wenn ich den Blick zum Horizont richte, kann ich eine unendliche Reihe dieser Steine sehen. Und der ewige Wind. Die Augen beginnen trocken zu werden. Ich muss sie immer wieder schließen, um mir ein Gefühl der Erleichterung zu verschaffen. In *Villalcazar de Sirga* mache ich Rast in einer Bar. Genau gegenüber ist die große Kirche *Santa Maria la Blanca.* Es ist der Rest eines ehemals sehr bedeutenden Templerklosters aus dem 13.Jahrhundert. Leider ist diese schöne Kirche geschlossen. Später lese ich, dass sie ein ganz besonderer Ort ist, da hier viele spanische Könige und Königinnen begraben sind.

Villalcazar de Sirgas   14.04.05   Alte Templerkirche

Nachdem ich mich erholt habe, mache ich eine Skizze in mein Buch und verlasse den Ort. Nach einigen Straßen komme ich wieder zu der Piste neben der Landstraße. Hier führt der Weg nun rechts, neben der Straße weiter. Inzwischen hat sich der Himmel bewölkt und hinter mir ziehen bedrohliche Gewitterwolken auf.

Jetzt ziehe ich wieder meinen Regenponcho über. Und schon beginnt es zu Regnen. Aber das Gewitter zieht hinter mir vorbei. Am Ortseingang von *Carrion de los Condes* lässt der Regen nach und ich gehe gleich zur Herberge. Die ist im Kloster Santa Clara untergebracht. Bernd und ich hatten ausgemacht, uns bei den Nonnen zu treffen. Denn in meinem Pilgerführer stand: „authentische Pilgerunterkunft im Kloster..." das wollten wir uns natürlich nicht entgehen lassen.

Jetzt trete ich völlig durchnässt in den Klosterhof. An der Wand lehnen schon mehrere Rucksäcke und ich sehe Pilger in einem Raum. Hier ist die Anmeldung. Leider empfängt uns „nur" ein Mann, in blauem Kittel, der wie der Hausmeister wirkt. Nach Eintrag in die Unterlagen und Stempel in meinen Pilgerpass, zeigt er uns die Pilgerherberge. Von den Nonnen haben wir keine gesehen.

Die Räume sind klein, eng und unbeheizt. Ich sichere mir einen Platz unten, denn bei den wackeligen Doppelstockbetten möchte ich nicht oben schlafen. Natürlich ist Bernd auch schon da, er kommt gerade aus der Dusche. Nachdem ich mich auch geduscht habe, setzen wir uns in die kleine Küche und machen uns erst mal einen Tee. Für mich ist es besonders ungemütlich, da ich nur eine kurze und eine lange Hose mitgenommen habe. Und ausgerechnet meine lange Hose ist vorhin durchnässt worden. Daher beschließen Bern und ich, noch eine Stadtbesichtigung zu machen, denn Bewegung ist besser als in der Kälte zu sitzen. Es ist zwar noch kalt, aber es regnet nicht mehr und ab und zu scheint sogar schon wieder die Sonne.

Carrion de los Condes ist eine hübsche Kleinstadt, mit einer sehenswerten Stadtmauer. Sie ist nur aus Flussgeröll errichtet und wir fragen uns wie die alten Baumeister es schafften, die runden Steine zu so einer stabilen Mauer zusammenzufügen. Es gibt auch einige schöne romanische Kirchen und ein Museum. Doch für einen Museumsbesuch schmerzen unsere Füße zu sehr. An einer der Kirchen ist ein besonders schönes Portal, das sich durch eine Unmenge von Figuren auszeichnet. Die meisten sind Engel, welche auf den unterschiedlichsten Instrumenten musizieren. Diese Art von Portalfiguren habe ich bisher nur in Spanien gesehen. In einem Buch habe ich gelesen, das es sogar gelungen ist, die meisten der mittelalterlichen Instrumente zu rekonstruieren.

Wir erledigen nebenbei noch unsere Einkäufe und dann gehen wir wieder in die Küche, um Abendbrot zu essen. Die anderen Pilger hier kennen wir noch nicht und so entwickelt sich auch kein Gespräch weiter. Nur die Japanerin haben wir gestern schon überholt und in einer Bar getroffen. Sie läuft auch schlecht und hat noch dazu einen hartnäckigen Husten.

So gehen wir noch mal los und setzten uns in eine große Bar um uns aufzuwärmen.

Im Fernsehen läuft eine Stierkampf- Übertragung. Die meisten haben ihre Stühle so gedreht, dass sie zum Fernsehen blicken können. Andere Spielen Karten und lassen sich nicht stören. Und an der Bar werden heftige Unterhaltungen geführt. Alles ist voller Rauch und wir sitzen in der Ecke, bei Bier und einem „Soberano", das ist unsere beliebte Cognac-Sorte. So, warm von innen und außen, fühle ich mich wieder richtig wohl. Gegen 20.45 Uhr gehen wir in die Betten und ich bin froh, dass ich so einen guten Schlafsack habe!

13. Tag   15.04.2005

ch erwache erholt und guter Laune. Trotz der kalten
IKammer habe ich tief geschlafen. Nachdem ich meine
Sachen im Rucksack verstaut habe, gehen wir in die
Küche und machen uns einen heißen Tee.
Hier eigne ich mir eine neue Trinktasse an.
Bernd hat mich darauf aufmerksam gemacht, dass wir
in jeder Küche immer eine Vielfalt von verschiedensten
Blechtassen gesehen haben. Er denkt, diese Tassen
sind alle mal von Jemandem vergessen worden. Dann
hat ein anderer Pilger eine mitgenommen und wieder
vergessen... u.s.w. Diese Tassen sind also allgemeingut
des Pilgerweges. Der Gedanke scheint mir Sinn zu
machen. Und da ich ja eine schöne, neue Tasse
„gespendet" habe, nehme ich mir eine blaue
Emailletasse mit.
Heute brechen alle Pilger fast gleichzeitig auf. Die
Japanerin geht vor uns los. Dann überholen wir die
beiden Frauen, die mir schon einige Male begegnet
sind. Bern und ich nennen sie „die Holländerinnen"
Es ist eine ältere Frau aus Holland, die sich auf dem
Weg   mit   einer   jungen   Frau   aus   Südafrika
zusammengetan hat. Denn die weißen Südafrikaner
sprechen ja auch Holländisch.
Wir gehen noch einmal durch die schöne Altstadt. Dann
über die Brücke, die den *Rio Carrion* überquert. Hier
sehen wir auch den gigantischen Bau des Klosters *San
Zoilio*. Es ist in spanischem Barock erbaut. Auf mich
wirkt es wie eine große Kaserne, kalt und abweisend.
Ein Teil wird als *Parador*, als staatliches Nobelhotel
genutzt, der Rest scheint leer zu stehen.

Dann geht es wieder entlang der Straße, hinein in die Weite der Meseta. Heute ist strahlend blauer Himmel, die Sonne scheint, aber es sind nur 0° Celsius. Auch der starke Wind bläst uns wieder von vorn ins Gesicht.

Bernd und ich laufen heute das erste Mal den ganzen Tag zusammen. Unser Laufrythmus hat sich scheinbar angenähert.

Dieser Kampf gegen den Wind wir der bisher schwerste Abschnitt. Wir gehen 17 km geradeaus über flaches Land. Keine Ortschaften dazwischen, nur Ich, der Weg und der Wind.

Wir laufen hintereinander und wechseln uns immer mal ab. Dann kann der hintere im Windschatten des Vordermanns laufen.

Bei der klaren Luft sind im Norden, also rechts von uns ständig die schneebedeckten Berge der *Picos de Europa* zu sehen.

Ich habe wieder meinen Regenponcho übergezogen, um den Wind abzuhalten. Es wird ein ständiger Kampf mit mir selbst.

Denn Rasten ist unmöglich, denn nur beim Anhalten um etwas zu Trinken, werden mir die Finger schon steif vor Kälte. Also weiter, Ultreia!

In *Calzadilla de la Cueza* gehen wir in die Bar, um Mittag zu essen und uns durchzuwärmen. Wir sind jetzt vier Stunden ununterbrochen gelaufen!

Nach gehöriger Pause, in der Bernd auch seine offenen Blasen verarztet hat, beginnen wir mit dem letzten Abschnitt. Nach sechs weiteren Kilometern durch völlig Flache Landschaft erreichen wir *Ledigos*. Da es aber noch früh am Nachmittag ist, beschließen wir, noch bis zur nächsten Herberge zu laufen. Diese ist laut Unterlagen wieder mal eine private, wo auch die Ernährung besser ist.

Wir überqueren die Autobahn und unterqueren die Staatsbahn und sind nach zwei Kilometern in *Terradillios de Templario.*

Das ist ein sehr kleines Dorf mit einer noch kleineren, ungepflegten Kirche. Alles wirkt irgendwie verfallen und verlassen.

Doch die Herberge ist umso einladender. Vor der Tür liegt ein riesiger Bernhardiner, der jeden Pilger mit einem Schwanzwedeln begrüßt.

Wir betreten den großen Gastraum und sehen alle alten Bekannten wieder. Die Franzosen (Ehepaar und zwei Männer) die Italiener (vier Männer und nach uns kommen noch die beiden Holländerinnen. Als letzte betritt dann noch die Japanerin den Raum und wird mit Hallo begrüßt! Hier brennt ein helles Feuer in einem großen Kamin und wir setzen uns erst mal nieder. Nach erledigen der Formalitäten gehen wir auf unsere Zimmer. Wir haben ein Dreibettzimmer mit Einzelbetten. Nach uns kommt noch einer der beiden älteren Franzosen herein.

Nach Duschen und Umziehen gehe ich noch mal mit meinem Skizzenbuch los. Ich zeichne eine Ansicht des Dorfes mit Herberge und Kirche.

Tempranillo del Templarios
15.04.'05

Doch schon bald vertreiben mich Heranziehende Wolken, die einen Regenschauer mitbringen.

In dem großen Speisesaal versammeln wir uns dann alle, ich schreibe Tagebuch. Wir reden und warten auf das Abendessen. Wir sind heute 27 Km gelaufen. Ein Schild an der Wand verkündet, das es noch 383 Km bis Santiago sind. Dann kommt die Wirtin mit dem Essen. Es gibt wieder eine drei Gänge Menü und wir alle sind sehr zufrieden. Wir trinken noch ein Glas Rotwein und während die meisten Pilger noch am Kamin sitzen, ziehen wir uns zurück und gehen zu Bett.

14. Tag   16.04.2005

Wir erwachen gegen 7.00 Uhr und finden uns alle wieder im Gastraum zum Frühstück ein. Es gibt Kaffee, Tostadas und Marmelade.

Mit frischen Kräften gehen wir nun wieder auf die Piste. Ich bin jedes Mal erstaunt, wie gut sich meine Füße über Nacht erholen. Das Loslaufen fällt zwar die ersten zwei Kilometer schwer, doch dann hat sich der Körper wieder an den Rhythmus gewöhnt und die Beine scheinen von selbst zu laufen. Erst am Nachmittag fängt es dann an zu drücken und zu ziehen.

Gleich hinter dem Ort sieht es so aus wie Gestern. Dieselbe weite, flache Landschaft, derselbe schnurgerade Weg. Zweihundert Meter rechts neben uns verläuft die Trasse der Autobahn und noch weiter die Eisenbahn. Bernd läuft wieder einige Meter vor mir, mit seinem „Sturmschritt". Das gibt mir Gelegenheit wieder mein Gebet zu singen. Ich habe mir angewöhnt, immer beim Losgehen mein Morgengebet zu sprechen.

105

An einigen Stellen wurde auf Fußballfeldgroßen Flächen die Ackerkrume abgetragen. Jetzt sind da zwei Meter tiefe Becken entstanden, in denen sich flache Tümpel gebildet haben. Hier leben viele Wildentenarten, die ich aber nicht genauer erkennen kann. Die Fläche wird nur ab und zu von schmalen Abflussrinnen durchzogen, in denen manchmal ein kleiner Bach fließt. Hier ist es gleich viel grüner und meist sind dann Schafe zusehen. Irgendwann, bei einer Rast ist Bernd dann wieder alleine weiter gezogen. Wir haben uns als Herberge *El Burgo Ranero* ausgemacht. Dort wollen wir uns wieder treffen. Ich genieße die Einsamkeit.

Heute habe ich beschlossen, mir den Wind zum Freund zu machen. Ich rufe ihn laut herbei, ich danke Jesus für den klaren Wind und bitte ihn mit diesem Wind der Klarheit, durch alle Kammern meines inneren Hauses zu blasen. „Blase hindurch, ich öffne dir alle Türen und Fenster! Blase hindurch mit dem Wind der Klarheit, nimm` hinweg alles Alte und Nutzlose, allen Ballast, blase hinfort, was ich nicht mehr brauche. Bring herein einen Geist der Klarheit und fülle die Räume mit deinem heilenden Geist!" So rufe ich in voller Lautstärke in das Brausen des Windes. So geht das den ganzen Tag, zwanzig Kilometer lang. Bis heute wusste ich nicht, was ich alles für verborgene Kammern habe. Es entsteht in mir ein ganz besonderes Hochgefühl, eine Art beschwingter Enthusiasmus. Das Gehen hat sich verselbständigt, die Gedanken haben sich verselbständigt. ES geht, ES betet in mir. Ich bin hier, in diesem eisigen Wind so vollständig von einer hellen Freude durchdrungen, das ich mir mit lautem Jubeln Luft machen muss. Ist das eine Mystische Erfahrung?

Als die Autobahn immer näher kommt, und ich die Bahnstrecke überquere, beginnen schon die ersten Häuser von *Sahagun.*

Schon von weitem konnte ich den gedrungenen Kirchturm von *San Lorenzo* sehen. Nachdem ich eine Eisenbahnbrücke überquert habe, sehe ich gleich nach der nächsten Ecke die Pilgerherberge. Hier wurde eine ehemalige, nicht mehr benötigte Kirche zu einem Gemeindezentrum mit Herberge umgebaut. Das halbe Kirchenschiff ist durch eine große Glaswand abgetrennt. In der anderen Hälfte ist eine Zwischendecke aus Holzbalken eingezogen. Da ich Bernd hier nicht antreffe, beschließe ich erst mal Mittagessen zu machen. Ich steige nach oben und begrüße eine einzelne Frau, die hier sitzt und liest, mit „buenos Dias". Dann koche ich mir einen Tee und setze mich an den großen Tisch zum Essen. Nach einer ganzen Weile spricht sie mich auf Deutsch an. Woran sie gemerkt hat, das ich Deutscher bin hat sie mir nicht verraten. Sie ist aus Köln und pilgert allein. Da sie Probleme mit den Füßen hat, will sie hier ein- oder zwei Tage pausieren. Wir unterhalten uns noch etwas über die vielen gemeinsamen Erfahrungen, die wir bisher gemacht haben. Über uns, in der Höhe ist die flache Holzkonstruktion der Decke zum sehen. Die Ebene, auf der wir sitzen ist fast in Höhe der ehemaligen Säulenkapitelle. Das Gewölbe existiert nicht mehr. Es ist eine faszinierende Architektur, wie hier diese alte Kirchenruine durch gekonnte Holzeinbauten wieder zu neuem Leben erweckt wurde.

Dann verabschiede ich mich und mache mich wieder auf den Weg.

Die Innenstadt ist nicht all zu groß und so bin ich in kurzer Zeit wieder draußen auf dem Camino. Auch hier geht der Weg wieder auf großen Strecken entlang einer stark befahrenen Landstraße. Hier bin ich wieder völlig allein. Keine Pilger vor mir und ein oder zwei kleine Gestalten weit hinter mir. Die Sonne scheint warm, aber der ständige Westwind lässt mich nichts davon spüren. Nach einigen Kilometern, in *Bercianos del Camino*. Mache ich wieder mal Rast. Die Bar ist sehr voll, alle stehen an der Theke oder drängen sich um den Fernseher. Nach der klaren Luft auf dem Weg, ist es fast ein Schock, den dichten Zigarettenqualm einzuatmen. Trotzdem hole ich mir einen Tee con Leche an der Bar. Ich studiere meinen Pilgerführer und plane meine weiteren Etappen. Sobald ich mich erholt habe gehe ich wieder. Dieser Ort wirkt auf mich wie ein mexikanisches Dorf, aus einem Western. Sehr breite Straßen und flache Häuser mit fensterlosen Straßenfronten. Die hölzernen Hoftore sind alle geschlossen und nur ein paar Hunde liegen träge in der Sonne. Die Herberge ist am Ortsrand und macht einen verwahrlosten Eindruck. Sie ist geschlossen. Hier wird sicher renoviert, denn es liegen viele Baumaterialien herum. Also weiter, nach *El Burgo Ranero*, das sind noch 8 Kilometer. Meine Füße brennen zwar schon, aber ich fühle mich in der Lage das noch zu schaffen. Die Landschaft ist jetzt zwar etwas gewellt, aber trotzdem als flach zu bezeichnen. Der Weg führt auch weiterhin immer geradeaus. Rechts, in einiger Entfernung geht die Bahnlinie entlang. Einmal kann ich einen Güterzug in Richtung Westen fahren sehen. Dann kommt ein großer Stall in Sicht. Es dauert lange, bis ich daran vorbei bin. In dieser völlig ebenen Landschaft ist es schwer Entfernungen einzuschätzen. Doch dann sehe ich eine Ansammlung von Häusern und einen Kirchturm! Das ist endlich *El Burgo Ranero.* Kurz hinter dem Ortseingang komme ich an einem kleinen Lebensmittelgeschäft vorbei. Ich nutze die Gelegenheit und kaufe mir Vorräte für die nächsten Tage. Dann gehe ich über die breite Hauptstraße, folge den gelben Pfeilen und erreiche die *Albergue.* Sie ist neu erbaut, aber in dem traditionellen Lehmbaustil der Gegend. Da es hier kein geeignetes Baumaterial gibt, werden hier seit Jahrhunderten die Häuser aus Lehmziegeln errichtet. Als ich die Herberge betrete werde ich mit Hallo begrüßt. Alle Bekannten der letzten Tage sind schon da. Und natürlich Bernd! Er sitzt auf einer Bank und pflegt seine Füße. Die Schlafzimmer sind im Obergeschoss. Leider ist für mich nur noch ein oberes der Doppelstockbetten frei. Schweren Herzens werde ich diese Prüfung auf mich nehmen. Ich packe aus, lege meinen Schlafsack auf das Bett und gehe erst mal Duschen. Dann gehe ich zu Bernd und wir beschließen noch mal zu dem kleinen Lebensmittelgeschäft zu gehen, da Bernd auch noch etwas kaufen muss. Auf dem Rückweg sehen wir auch noch einen kleinen Supermarkt und gehen auch hier noch mal durch. An der Theke sehe ich Dosen mit Fußbalsam. Der Verkäufer empfiehlt ihn mir sehr wortreich. Nachdem ich gelesen habe, was alles für pflanzliche Inhaltsstoffe darin sind und nachdem ich daran gerochen habe, bin ich überzeugt und kaufe mir eine Dose für stattliche 10,95 €. Es ist eine flache Dose mit der Aufschrift *„ungüento tradicional.* Der Balsam ist wirklich wunderbar. Ich habe mir von nun an jeden Tag die Füße eingerieben. Früh vor dem Losgehen mit Hirschtalg, der die Haut weich macht und so Blasen vorbeugt und abends nach dem Duschen mit dem Balsam, der die Durchblutung anregt.

Zurück in der Herberge hören wir schon das Feuer im Kamin knacken. Die Franzosen haben es entfacht und alle bereiten die gemeinsame Tafel vor. Jeder stellt sein Essen auf den Tisch und dann wird geteilt. Wir verstehen zwar nicht viel von der meist in französisch geführten Konversation aber die Stimmung ist einfach entspannt und ungekünstelt. Hier beginnt schon der Pilgereffekt zu wirken. Denn auf dem Camino bin ich einfach nur der Mitpilger, ohne den sozialen Hintergrund. Keiner kennt mich wie ich mich sonst gebe, ich brauche auch keine Masken zu tragen. Jeder ist einfach er Selbst. Das ist eine sehr befreiende Erfahrung. Später sende ich noch eine E-Mail nach Hause und besteige mein Bett. Es ist leichter als ich dachte. Die einzelnen Räume haben keine Zimmerdecken sondern bieten einen freien Blick auf das gemeinsame Dach des Hauses. Es ist aus den verschiedensten Baumstämmen zusammengefügt. Nicht einer ist ein gerader Balken, wie wir es von Zuhause kennen. Sondern alles sind rohe, krumme und verwachsene Stämmchen, die hier in der Umgebung vereinzelt wachsen. Ich bewundere die Kunstfertigkeit, mit der die Zimmerleute es geschafft haben, dennoch eine gleichmäßige Dachfläche zu erreichen. In der Nacht habe ich einen sehr eindrucksvollen Traum, den ich mir auch notieren kann. Ansonsten schlafe ich gut und fest.

Ich erwache ausgeruht und erfreut darüber, dass ich nicht aus dem Bett gefallen bin! Das Aussteigen ist dann noch mal eine Herauforderung. Nach Anziehen und Packen, machen wir noch schön Frühstück mit den anderen Pilgern. Fast als letzte gehen wir dann auch los. Es ist ein kühler Morgen mit wolkenverhangenem Himmel und dem üblichen Westwind. Auch heute ist der Weg schnurgerade und eben. Der Himmel bleibt heute den ganzen Tag über grau. Aber es regnet nicht.

Wir haben uns entschieden heute nur 20 km zu gehen. Und Übermorgen wollen wir dann noch einmal eine Strecke von ca. 20 Km zu gehen. So erreichen wir, dass uns in Leon mehr Zeit für die Stadt bleibt. Nach 13 Km erreichen wir den Ort *Reliegos*, wo wir in einer kleinen Bar unsere müden Beine ausruhen.

Heute sind wir mehr als sonst gemeinsam gelaufen. Es hat sich nach und nach eine gute Partnerschaft entwickelt. Wir reden, aber nicht zuviel, wir schweigen, aber nicht zu lange. Es hat sich ein schönes Maß eingespielt. Wir laufen manchmal nebeneinander und dann wieder lange Strecken hintereinander.

Auch die Gespräche haben mehr Tiefe. Jeder von uns öffnet sich mehr und mehr und gibt viel von seinen inneren Seiten preis. Wir haben Vertrauen zueinander bekommen.

Nach einer schönen, langen Pause gehen wir weiter. Jetzt sind es noch etwa 6 Km bis zu unserem heutigen Etappenziel. Das Wetter ist noch immer unverändert. So erreichen wir gemeinsam die kleine Stadt *Mansilla de las Mulas*.

Nachdem wir durch einige Vorortsraßen mit kleinen Feldern und Bauernhäusern gegangen sind, überqueren wir eine große Kreuzung. Hier steht noch ein mittelalterliches Stadttor. Dahinter gehen wir immer geradeaus, über gut gepflasterte Straßen. Auf der linken Seite, in einem ganz normalen Bürgerhaus ist die Herberge. Wir melden uns bei einem alten, weißhaarigen Herrn an, der sich als Deutscher aus Köln vorstellt. Er macht hier ehrenamtlich den *Hospitalero.* Den Pilgerweg ist er schon mehrmals gegangen! Dann belegen wir in einem kleinen Zimmer unsere Betten. Ein kleiner Spanier stellt sich vor. Wir werden ihn noch oft sehen. Das ist so eine typische Pilgerbekanntschaft. Er kann keine Fremdsprache. Aber später freunden wir uns mit Franzosen an, welche gut spanisch und englisch sprechen. Von ihnen erfahren wir auch immer mal wieder Einzelheiten über andere Pilger. Am Ende des Weges ist es dann so, als würde man die Mitpilger schon lange kennen.

Jetzt gehe ich erst mal Duschen. Dann entdecke ich in dem sehr schönen Innenhof zwei Waschbecken zum Wäschewaschen. Da jetzt seit etwa einer Stunde die Sonne scheint, beschließe ich, meine Sachen zu waschen. Waschmittel aus der Tube habe ich dabei und dann wird alles auf die Leinen im Hof gehängt. Dann setzen wir uns bei Tee und Saft in die Sonne und ich schreibe Tagebuch. Dabei machen wir die nähere Bekanntschaft eines Paares aus Köln. Wir sind ihnen bisher immer mal in einer Herberge oder Bar begegnet. Die Frau ist schon älter, aber sehr sportlich. Sie erzählt mir, dass sie den Weg schon einmal begonnen hatte, aber wegen einer Erkrankung abbrechen musste. In diesem Jahr will sie es nun schaffen bis zum Ende, nach *Santiago de Compostella*, zu gehen.

Am späten Nachmittag machen wir noch einen Einkaufs- und Besichtigungsbummel. Beim Abendessen in der kleinen Küche, schließen wir auch mit dem französischen Ehepaar nähere Bekanntschaft, da die Frau etwas englisch spricht. So übersetze ich für Bernd und sie für ihren Mann. Wir trinken Rotwein und haben viel Spaß Auch hier legen wir unser Essen in die Mitte und alles wird geteilt. Als dann aber andere Pilger ein warmes Abendessen kochen wollen, verabschieden wir uns da es nun doch zu eng wird.

Wir erwachen gut erholt, packen unsere Sachen und gehen gleich in eine Bar. Die haben wir gestern bei unserem Rundgang entdeckt. Hier ist schon ab 7.00 Uhr geöffnet. Als wir die Bar betreten, sehen wir gleich die bekannten Gesichter unserer Freunde von gestern Abend. Auch sie hatten also den Plan, hier zu Essen. Wir machen in Ruhe Frühstück und lassen uns Zeit, da wir bis *Leon* nur 20 Km zu gehen haben. Auch hier ist schon am Morgen das Fernsehen an und es gibt nur ein Thema, die Pabstwahl.

Dann verlassen wir die Stadt über eine alte Steinbogenbrücke, vorbei an einem mittelalterlichen Pilgerkreuz. Der Himmel ist leicht bewölkt und es weht immer noch der schneidend kalte Wind. Von der Brücke aus, haben wir noch einen schönen Blick auf die Stadtmauer, die kunstvoll aus Fluss-Steinen errichtet wurde. Der *Rio Esla* ist hier breit und von Sandbänken durchzogen. Die Inseln und die Ufer sind mit Weiden bewachsen. Wir sehen viele Fischreiher.

Anfangs führt uns der Weg wieder entlang der stark befahrenen N 120. Im Ort *Puente de Villarente*, müssen wir sogar ganz auf der Straße laufen. Der Camino zweigt dann aber wieder auf eine eigene Piste ab, die in einigem Abstand zur Straße verläuft. Der Weg ist auch hier nicht viel anders als an den vergangenen Tagen. Immer noch kämpfen wir gegen den Wind an, nur das Gelände wird langsam etwas hügelig. Vereinzelt sind auch kleine Baumgruppen und Gestrüpp zu sehen. Dann, nach der Abzweigung nach *Valdelafuente*, steigt der Weg immer weiter an. Wir bleiben jetzt neben der Straße. Da sie neu gebaut wurde, verläuft der Weg an vielen Stellen auf dem Asphalt der alten Straße.

Dann endlich, von einer Anhöhe aus, sehen wir die Großstadt *Leon* vor uns liegen. Den Blick auf den Dom und die Altstadt versperrt uns noch eine Sendeanlage auf einem Bergsporn. Ab hier steigen wir in das Tal hinab, meist neben, oft auf der Straße. Dann erscheinen auch schon die ersten Bauten der Industriegebiete, welche die Stadt umgeben. Nach langem Fußmarsch erreichen wir die tristen Wohnhäuser eines Vorortes der Stadt. Da uns nun doch die Füße schmerzen, gehen wir in die erste Bar, die wir sehen. Bei *Tee con Leche* und Orangensaft sage ich zu Bernd das heute der erste Tag ist, an dem wir die ganze Strecke zusammen gelaufen sind. Im Fernsehen sind ständig die Sonderberichte aus Rom zu sehen. Immer wieder fällt der Name „Ratzinger". Ob er der neue Pabst wird?

Als wir dann weitergehen dauert es schon noch eine ganze Weile, bis wir die Altstadt erreichen. Zuerst überqueren wir den *Rio Torio*, auf einer großen, neuen Fußgängerbrücke. Der Fluß führt viel klares, sauberes Wasser. Eine Siedlung reiht sich an die andere, die Häuser werden höher und es gibt immer mehr Läden. An einer belebten Kreuzung, die von Hochhäusern gesäumt ist, entdeckt Bernd eine Apotheke. Also gehen wir hinein und er kann sich mit Verbandmaterial für seine wunden Füße eindecken. Auch an dieser Stelle danke ich Gott für das Wunder, das ich in meinen neuen Schuhen bis jetzt noch keine Blase habe!

Dann erreichen wir die Altstadt von *Leon*. Es geht vorbei an alten Klöstern und Kirchen und dann, vor dem Stadttor über eine kleine, steinerne Brücke. Sie überspannt einen ehemaligen Wassergraben, hinter dem sich die Stadtmauer erhebt. Nun richten wir uns wieder nach den gelben Pfeilen, die uns zielsicher zur Herberge führen. Das ist nun eine Enttäuschung! Im Pilgerführer steht, dass die Herberge im Benediktinerinnenkloster sei. Wir sehen nur einen dreistöckigen, schmucklosen Bau, der an ein Krankenhaus erinnert. Im Torweg, durch den wir müssen arbeitet gerade ein Schaufellader, da im Hof eine große Baustelle ist. Wir steigen in den ersten Stock und betreten einen winzigen Raum. Hier ist ein langer Tisch, an dem zwei Bänke stehen, an der Wand eine Kochgelegenheit und am Ende des Raumes sitzt eine freundliche *Hospitalera*, die uns in das Buch einträgt und uns den begehrten Stempel gibt. Dahinter ist ein riesiger Schlafsaal mit 45 Doppelstockbetten! Wir suchen uns eine Ecke, belegen untere Betten und packen erst mal aus. Dann ist wie immer Duschen dran. Als ich erfahre, dass man hier auch Wäsche waschen lassen kann, nutze ich die Gelegenheit und lege meine Sachen in die dafür vorgesehene Schüssel. Die freundliche *Hospitalera* will mir dann die Wäsche getrocknet wieder hinstellen. Dieser Service kostet sechs Euro, aber ich bin froh dies Gelegenheit nutzen zu könne. Dann müssen wir noch mal umziehen, da die Dame sehr auf Sittenstrenge achtet! Hier müssen die Jungs und Mädchen in verschiedenen Bereichen des Saales schlafen. Das ist das einzige, was an ein Kloster erinnert.

Als wir uns dann erholt und erfrischt auf den Weg in die Stadt machen, merke ich dass ich mit meinen kurzen Hosen bei Temperaturen um die 8°C nicht gerade optimal gekleidet bin! Aber ein echter Pilger kann alles ertragen.

Die Altstadt von Leon ist, mit ihren vielen Baudenkmälern, sehr sehenswert. Die Stadt war im 9.Jahrhundert die Hauptstadt des Königreichs *Asturien.* Wir gingen natürlich zuerst zur Kathedrale. Auf dem großen Platz davor machten wir Fotos. Hier wehte der eisige Wind wieder sehr stark, so das es mir in der Kirche richtig warm erschien.

Die Kathedrale gilt als die schönste Spaniens, die im 13./14. Jahrhundert, als einzige im Stil der französischen Gotik erbaut wurde. Besonders die große Rose über dem Westportal hat mich beeindruckt. Gerade als wir uns in der Kirche befanden rissen die Wolken auf und die Sonne schien durch das Wunder aus buntem Glas. So ein strahlendes Blau habe ich nie wieder gesehen!

Da ich dann doch wieder friere, suchen wir eine Bar auf, um uns aufzuwärmen und Kaffee zu trinken. Schon bald lockt uns wieder diese alte und interessante Stadt. Die Altstadt ist Autofrei, nur

Wirtschaftsfahrzeuge dürfen durch die, mit automatischen Pollern gesicherten, Straßen fahren. Hier bin ich wieder beeindruckt, mit welcher Disziplin die Autofahrer den Fußgängern an den Zebrastreifen die Vorfahrt lassen. Diese einfache Art der Verkehrsregelung wünsche ich mir für uns Zuhause auch wieder! Die ganze Innenstadt ist Fußgängerzone. Alles ist voller pulsierendem Leben. Laden reiht sich an Laden und alle sind für den besseren Geldbeutel bestimmt. Daher finden wir auch lange kein Geschäft mit Unterwäsche.

Wir sehen noch die Basilika *San Isidoro*, allerdings nur von Außen, da sie zum Museum gehört, daneben das Pantheon der Könige, dann einen wunderschönen, alten Handelshof, den *Palazio de Guzmanes*, das Rathaus und noch viel mehr. Weil ich mit meinen kurzen Hosen und meiner Pilgerjacke so friere, denkt auch Bernd darüber nach, sich für den weiteren Weg mit langer Unterwäsche zu versehen. Nach langer Suche entdecken wir dann auf einer großen *Plaza* ein wunderliches Trikotagengeschäft. Hier ist die Zeit wirklich stehen Geblieben! Die Schaufenster sehen aus wie in den sechziger Jahren. Im Inneren ist alles mit Pappkartons vollgestellt, die Regale quellen über. Hinter dem Ladentisch begrüßt uns eine kleine, weißhaarige Frau. Da sie mit unseren spanischen Brocken nichts anfangen kann, ruft sie ihren Mann. Das ist ein ebenfalls alter, groß gewachsener Mann. Er bemüht sich sehr, uns zu verstehen. Dann geht er unermüdlich nach hinten und holt ein Kleidungsstück nach dem anderen, bis wir erfreut "*Si, Si*" rufen. Als die alte Dame erfährt, dass wir *Peregrinos*, also Pilger sind kann sie es gar nicht fassen. Bernd zeigt ihr seinen Pilgerpass, in dem ja alle Stempel vom Anfang bis hier zu sehen sind. Sie ist hoch erstaunt, schüttelt immer wieder den Kopf und ich denke, dass sie uns für Verrückt halten muss, das wir diesen langen Weg bei dem Wetter zu Fuß gehen. Die beiden alten Leute verabschieden uns sehr freundlich. Wieder auf der *Plaza*, sage ich zu Bernd, das ich den Eindruck habe, hier sei die Zeit stehen geblieben. Es ist fast so, als ob die beiden ihren Laden nur noch so lange geöffnet hatten, damit sie einem bedürftigen Pilger die Unterhemden verkaufen konnten. „Die machen nächste Woche zu und gehen in Rente. „

Wir gehen dann noch mal in die Herberge, um uns etwas auszuruhen. Da es in dem Saal aber sehr kalt ist und nach und nach auch voller wird, gehe ich noch mal alleine Einkaufen und nehme mein Skizzenbuch mit. In einer Seitenstraße skizziere ich denn noch einen Blick auf die Kathedrale. Ich suche immer noch eine neue Wasserflasche. Nach vielen vergeblichen Nachfragen, schon auf dem Rückweg in die Herberge, gehe ich noch in einen von diesen Billigmärkten, die von Vietnamesen geführt werden. Und hier werde ich endlich fündig. Ich kaufe eine gute Alu- Wasserflasche für 2,00 € und denke, das ich nun noch einen Karabinerhaken brauche, um sie am Rucksack zu befestigen. Und genau da sehe ich welche an der Kasse liegen! Das ist das **Wasserflaschenwunder**!

Am Abend machen wir noch einen Bummel durch die Bars und essen schöne *Tapas*, diese leckeren Vorspeisen, von denen es in jeder Bar andere gibt. Wir trinken ein Bier und lassen den Tag ruhig ausklingen.

Leon, Kathedrale 18.04.'05

17. Tag   19.04.2005

In der Nacht war es unruhig, denn neben mir lag ein begnadeter Schnarcher. Und dann wurde ich geweckt, weil dem Schläfer über mir der Brustbeutel vom Bett gefallen war. Er suchte ihn und leuchtete mir

117

mit seiner Taschenlampe direkt ins Gesicht. Ich verstand was er wollte und gab ihm den Beutel hoch. Erleichtert schliefen wir wieder ein. Nach dem Erwachen packen wir schnell zusammen und machen uns auf den Weg, da in der kleinen Küche nicht an Frühstück zu denken ist. Zuerst gehen wir noch mal durch die Altstadt. Dann lassen wir die Stadtmauer hinter uns und sind schlagartig im dichtesten Großstadtgewühl. Große Plätze, Ampeln viel Verkehr. Die gelben Pfeile führen uns aber treu und zuverlässig hindurch. Wir überqueren einen begrünten Platz und sehen das riesige Gebäude des Klosters San Marcos. Auch hier ist jetzt ein *Parador* untergebracht. Wir gehen daran vorüber und sind hier wieder einmal auf einem authentischem Stück Pilgerweg. Denn hier vorbei und dann über die sich unmittelbar anschließende Brücke, welche den *Rio Bernesga*, überquert, sind die Pilger im Mittelalter auch alle gelaufen. Danach geht es unendlich lange durch die Großstadt. Das Wetter ist heute schlecht. Es ist Wolkenverhangen und immer wieder gibt es Regenschauer. An einer Apotheke sehen wir, dass es nur 10°C sind. Irgendwann gehen wir dann doch in eine kleine Bar und machen erst mal Frühstück. Dann weiter, immer leicht bergauf. Die Häuser werden langsam immer niedriger und nachdem wir die große Nationalstraße überquert haben wird der Charakter der Siedlung dörflicher. Doch dann führt uns der Weg an der Rückseite kleiner Fabriken und Werkstätten vorbei. Der Wind bläst uns kalten Nebel ins Gesicht, Hunde bellen und wir fühlen uns ziemlich mies. Als letzten Ort des Stadtgebietes von Leon durchqueren wir *La Virgen del Camino.* (Die Jungfrau des Weges) Das ist eine moderne Kirche, an deren Frontseite berühmte, moderne Plastiken stehen. Wir gehen aber an der Kirche vorbei, weil es regnet. Dann müssen wir uns unter den Windungen einer großen Autobahnabfahrt hindurchschlängeln. Erst dahinter beginnt das Gelände wieder anzusteigen. Die Landschaft ist sehr karg. Nur kleine Sträucher und Büsche bedecken den Boden.

Nachdem wir den Höhenzug überwunden haben, verläuft der Pilgerweg nun wenigstens wieder durch

Felder, entlang der Straße. Die Landschaft ist jetzt hügeliger, es geht immer auf und ab. Wo keine Felder sind, stehen kleine Bäume und viel Gebüsch. Vereinzelt können wir auch Ziegen und Schafe sehen.

Bedingt durch das schlechte Wetter trottet jeder vor sich hin und hängt seinen Gedanken nach. Bernd ist meist vorn und macht das Tempo. Ich brauche mich dann nur noch dranzuhängen und laufe so, wie von selbst. Wir gehen durch die Orte *San Miguel del Camino, Villadangos del Paramo* und *San Martin del Camino.* Irgendwo unterwegs machen wir Mittag in einer kleinen Bar. Zwischendurch reißen die Wolken mehrmals auf, die Sonne scheint und sofort wird es sehr warm. Dann nehme ich jedes Mal meinen Regenponcho ab, denn die Sonne brennt sehr heiß. Die Landschaft ist hier nicht mehr so eintönig. Die Felder werden von Baumreihen eingefasst und es gibt die ersten Plantagen von Eukalyptusbäumen. Die werden hier in zunehmendem Maße zu Zellulosegewinnung angepflanzt. Die Naturschützer beklagen das, denn der Eukalyptus ist eine Monokultur, die den einheimischen Tierarten keine Lebensräume bietet.

Dann sehen wir endlich die lange Bogenbrücke über den *Rio Orbigo* vor uns. Dahinter erstreckt sich unser heutiges Ziel, *Hospital de Orbigo.* Die Brücke ist noch eine gut erhaltene Römerbrücke. Sie ist sehr lang und schmal, eine Kutsche könnte gerade so darüber fahren. Der Belag besteht aus Fluss-Steinen. Hier gibt es eine Legende zu der Brücke. Im Jahre 1434 tat der Ritter Suero de Quinones ein Gelübde, wonach er zu Ehren seiner Dame dreihundert Lanzen brechen wollte. So versperrte er den Zugang zur Brücke und duellierte sich mit jedem Ritter, der darüber wollte. Das sprach sich bald in adligen Kreisen herum und er brauchte nicht lange auf Gegner zu warten. Am Ende wurde er verletzt, konnte aber sein Versprechen halten. Aus Dank unternahm er dann eine Pilgerfahrt nach Santiago de Compostella. Hier kann man in der Reliquienkapelle das Blaue Band der Dame, mit einer eingestickten Liebeserklärung sehen.

Im Ort gehen wir den Pfeilen nach und erreichen ein altes Haus, mit einer schönen Holztür. In einer kahlen, ungeheizten Stube werden wir von einem alten Mann in das Buch eingetragen. Nachdem wir unseren Stempel erhalten haben, geht er mit uns in unser Zimmer. Wir überqueren einen sehr kunstvoll gepflasterten Innenhof mit schönen, verglasten Obergeschossen. In einer Tordurchfahrt, die in den Garten führt gehen wir nach links, durch eine mittelalterliche Tür in eine urige Stube mit dunklen Eichenbalken an der Decke. Später erfahren wir, dass wir im ehemaligen Pfarrhaus des Ortes untergebracht sind. Die Herberge wird von Freiwilligen des Christophorus-Jugendwerks der Caritas in Breisach-Oberrimsingen unterhalten und betreut. (laut Inschrift)

Die beiden Duschen sind auf dem Hof, fasst im Freien, ebenso die Kochstelle. Alles ist wildromantisch. Im Sommer, bei der typisch spanischen Hitze ist dieser Ort bestimmt ideal um im Schatten zu entspannen und sich zum erholen. Aber heute, durchgefroren von dem langen Weg bei Wind und Regen, bei 10°C finde ich es nicht lustig. Da es uns beiden sehr kalt ist, gehen wir nachdem wir uns ausgeruht haben noch durch den kleinen Ort, auf der Suche nach einer Bar. Wir finden auch eine und so beschließen wir, den Nachmittag hier zu verbringen. Wir sind von Leon bis hierher 34 Km in etwa acht Stunden gelaufen. Im Fernsehen geht es wieder um die Papstwahl. Die Stimme des spanischen Sprechers wird immer ruhiger und feierlicher. Es werden ständig der Balkon und die wartende Menschenmenge gezeigt. Sollte es heute soweit sein? Da tritt ein Kardinal auf den Balkon und nennt den Namen von Josef Ratzinger! Die drei Spanier an der Theke schweigen verdutzt und wir sind ebenso verblüfft. Ratzinger! Wir hatten nicht damit gerechnet, dass ein Deutscher der neue Pabst wird. Die Spanier scheinbar auch nicht. Sie haben bemerkt, dass wir Deutsche sind. So versuchen sie uns zu fragen, was wir davon halten. Ich bin weder begeistert noch enttäuscht. Auf alle Fälle gratulieren sie uns zu „unserem" Papst. Wir bestellen zur Feier des Augenblicks zwei Weinbrände. Das ist natürlich auch zwischen Bernd und mir das

Gesprächsthema an diesem Nachmittag. Als wir später die Bar verlassen, läuten gerade die Glocken zur Abendmesse um 18.00 Uhr. Wir beschließen spontan, heute mal zur Messe zu gehen. Wir verstehen beide nicht richtig spanisch, doch dass es in der Predigt um den neuen Papst und Deutschland ging, merkten wir schon. Bernd ist hier zum ersten Mal seit seiner Kindheit wieder in einer Kirche. Durch die Jahre in der DDR ist er dem Glauben entfremdet worden. Doch durch unsere Gespräche, durch das Mitteilen seiner persönlichen Probleme, ist bei ihm etwas in Bewegung geraten. Er ist ja auch Pilger, bei ihm wirkt natürlich auch der Pilgereffekt. Nachsinnen über das bisherige Leben, Überdenken, neu Einordnen, all das sind Themen, die uns beschäftigen. Hier hat er zum ersten mal wieder einen Gottesdienst miterlebt. Es hat ihn sehr beeindruckt und nachdenklich gemacht. Bernd sagt mir hinterher, dass es sehr gut war, dass wir in die Kirche gegangen sind.

Zurück in der Herberge, kommt dann auch noch der Pfarrer, um die Übernachtungsgebühr (5,00€) einzusammeln. Als er erfährt, dass wir aus *Allemania* sind, beglückwünscht er uns sehr herzlich zu „unserem" Pabst! Als wir uns zum Abendbrot in die Küche setzen, bietet uns der alte *Hospitalero* noch eine heiße Suppe an. Das nehmen wir dankend an und gehen dann zeitig schlafen.

18. Tag   20.04.2005

Heute erwachen wir nicht ganz so früh, da wir hier eine sehr ruhige Nacht hatten. Gestern Abend, als wir schon im Bett waren, kam noch ein junges Paar. Die beiden schlafen noch fest, als wir schon unsere

Sachen packen. Dann gehen wir in die kalte Küche. Hier machen wir uns Wasser für Kaffee warm. Dabei stoße ich mich mit der Stirn an die Holzbalken, die noch vom Rauchfang des ehemaligen Kamins übrig sind. Überhaupt ist die Küche sehr alt und romantisch. Nach dem kleinen Frühstück gehen wir schnell los, um wieder warm zu werden. Auch heute ist ein kalter Tag, der Wind weht nicht mehr so heftig und es ist bedeckt. Der Camino führt uns wieder entlang der N 120. Nach ca. 8 Km durchqueren wir den Ort *Santibanez de Valdeiglesias*. Kurz hinter dem Ort steigt der Weg unvermittelt an. Er führt uns nun durch einen kleinwüchsigen Eichenwald. Es geht dabei ständig auf und ab. Am Ende einer Hochebene sehen wir schon von weitem ein Pilgerkreuz. Es steht einsam an einem Aussichtspunkt, von dem aus man einen schönen Blick auf die Stadt *Astorga* hat. Wir trinken Wasser aus der Flasche und machen ein Foto. Dann folgt ein ziemlich steiler Abstieg. Unten kommen wir wieder auf die Straße, der wir nun in den Ort *San Justo de la Vega* folgen. Die meisten Häuser hier sehen verwahrlost aus und viele stehen leer. In einer Bar machen wir eine längere Rast. Als wir gehen wollen, ruft mich die Wirtin an die Theke und drückt mir mit vielen Worten eine Visitenkarte in die Hand. Es ist die Adresse einer privaten Herberge in Astorga. Da wir aber in die Pilgerherberge wollen stecke ich die Karte in meine Tasche, danke und wir gehen los. Die letzten Kilometer bis zur Stadt führen uns durch Garten- und Ackerland. Hier gibt es viele kleine Häuschen und näher an der Stadt kleine Werkstätten und eine Tankstelle. Schon von weitem sehen wir die gut erhaltene, steile Stadtmauer, dahinter die Häuser und, alles überragend die Türme der Kathedrale. Nachdem wir die Bahngleise überquert haben, beginnt der steile Aufstieg in die Stadt. Die Straße verläuft in Serpentinen und schließlich gelangen wir, ganz außer Atem, auf das Plateau. Plötzlich kommt von der anderen Straßenseite ein älterer Mann, in Anzug und mit Hut auf dem Kopf, laut redend und wild gestikulierend, auf uns zu. Ich versuche zu verstehen was er sagen will und entnehme seinem Redeschwall, das wir nicht in die *Albergue* gehen sollen. Sie ist *okkupado*, also belegt. Wir sollen in

Richtung Innenstadt zu einer privaten Herberge gehen. Da er so eindringlich und überzeugend wirkt, lassen wir uns überreden und gehen in die angegebene Richtung. Jetzt scheint auch wieder die Sonne und so gehen wir gut gelaunt über die Plätze dieser schönen Stadt. Da wir hier keine gelben Pfeile mehr sehen, fällt mir plötzlich die Visitenkarte der Wirtin ein! Auf der Rückseite ist ein kleiner Stadtplan abgebildet, der uns nun geradewegs zu der privaten Herberge führt.

Das ist ein großes altes Handelshaus, das wunderschön renoviert und ausgestattet wurde. In den Räumen hört man schöne, ruhige Musik. In der Luft liegt der Duft von Räucherstäbchen. Wir werden in der Anmeldung erst mal an einem Tisch zum Sitzen eingeladen. Es erscheint ein junger Mann, der seine kleine Tochter, die höchstens ein Jahr alt ist, auf dem Schoß hat. Während er uns einträgt und die Stempel gibt haben wir viel Spaß an der Kleinen. Dann steigen wir über knarrende Holztreppen in den ersten Stock. Hier ist eine ehemalige Wohnung als Pilgerunterkunft ausgebaut. Wir gehen über den langen Flur und dann links in ein geräumiges Zimmer mit vier Doppelstockbetten. Alles ist neu und frisch renoviert. Wir können wieder unten liegen. Dann will ich erst mal Duschen. Auch die Duschen sind wunderbar, hell und sauber. Es gibt eine helle beheizte Loggia, auf der ich mich ausruhe und auf Bernd warte. Dann gehen wir in die riesige Wohnküche. Alles ist perfekt! Es gibt eine vollständig eingerichtete Küchenzeile, einen Getränkeautomaten und im Aufenthaltsraum ist sogar Feuer im Kamin. Also setzen wir uns an den Tisch und machen erst mal Mittag. Dazu gibt es Kaffee aus dem Automaten. Das Haus ist einfach wunderbar! Später erfahre ich von einer deutschen Pilgerin, die am selben Abend in der *Albergue* gewesen ist, was uns dort erspart geblieben ist. Es war sehr voll und laut. Mitten in der Nacht klopfte irgendjemand lange an die Tür und wollte Einlass. Nach langen Diskussionen in Spanisch wurde ein angetrunkener junger Mann eingelassen, der dann noch einen Platz auf dem Boden erhielt. Sie konnte dann nicht mehr schlafen und ging schon sehr früh los.

Da hatten wir es natürlich weitaus besser. Das ist das **Herbergswunder**.

Im Hof gibt es eine Waschmaschine und einen Trockner, die mit Geldstücken bedient werden können. Das nutze ich und wasche meine Wäsche. Nur mit dem Trockner habe ich Probleme. Er schluckt zwar meine Euros, sagt aber keinen Mucks. Erst nach mehrmaligen Versuchen und Hilfe durch den Herbergsvater, startet er dann doch. Nun warten wir auf meine Sachen und legen eine Ruhepause ein. Bernd macht ein Schläfchen und ich kann endlich wieder meine Kleidung aus dem Trockner nehmen. Da Bernd noch schläft, gehe ich noch mal alleine los, denn ich habe vorhin einen Musikladen entdeckt. Hier höre ich mir verschiedene CD mir galizischer Volksmusik an. Mir gefällt diese Musik sehr. Sie erinnert in vielem an die keltisch-irische Musik. Es sind ähnliche Rhythmen, mit Dudelsack gespielt und von Trommeln begleitet. Ich kaufe eine CD für meine Frau, als Geschenk und die andere für mich als Souvenir. Danach gehe ich noch mal zurück und da Bernd jetzt munter ist, wollen wir noch eine Stadtbesichtigung machen. Die Kathedrale ist groß und beeindruckend, doch als wir sie besichtigen, werden nach einiger Zeit die Touristen hinaus gebeten, da 18.00 Uhr die Messe beginnen soll. So gehen wir wieder durch die zugigen Straßen und setzen uns dem unfreundlichen Wetter aus. Später gehen wir noch auf der alten Stadtmauer entlang, deren untere Schichten noch aus der Zeit der Römer stammen. Anhand von Informationstafeln sehen wir, das es hier noch Reste eines römischen Forums und von Thermen geben soll. Die Thermen suchen wir leider vergebens. Später merken wir, das sie in einem Haus im Keller, nur mit Führung zu sehen sind. So gehen wir dann noch in eine Bar und machen schön Abendbrot. Zurück in der Herberge geht es laut zu, denn nun ist es voll. Es sind vor allem Spanier und Italiener. Sie haben viel zu Essen gekauft und beginnen nun ein umfangreiches, warmes Abendessen zu kochen. Ich lege mich dennoch hin. Später werde ich noch mal von grauenhaften Geräuschen geweckt! Irgendwer bringt in einer Tonne

Holzscheite für den Kamin. Doch dann schlafe ich gut und tief.

19. Tag   21.04.2005

Die Nacht war sehr laut. Das Haus ist zwar perfekt renoviert, aber sie haben es doch mit der Authentizität dann doch übertrieben! Auf den Fußböden liegt nur eine Bretterschicht. Ich konnte in der Nacht durch die Dielenritzen in die, darunter liegende Küche sehen! Und natürlich alles hören und riechen. Trotzdem erwache ich ausgeschlafen.

In der Küche machen wir noch ein schönes Frühstück, für drei Euro. Dann geht es wieder los. Zuerst durch die engen Straßen der Altstadt, dann wieder durch Vororte. Bald erreichen wir den Stadtrand. Von hinten, aus Osten scheint die Morgensonne, aber vor uns ist der Himmel voller dunkelgrauer Wolken. Entlang einer Landstraße verlassen wir die Stadt. Als uns ein Regenschauer überrascht, sehen wir rechts, über einem kleinen Dorf, einen wunderschönen Regenbogen.

Heute sind wir eine kleine Pilgergruppe, denn mit uns laufen auch die beiden Kölner, das französische Paar und die beiden Tschechen. Nach einigen Kilometern erreichen wir den Ort *Murias de Rechivaldo*. Hier sehen wir wieder eine mittelalterliche Pilgersäule, die mit Jacobsmuscheln verziert ist. Am Brunnen fülle ich meine Flasche mit frischem, klarem Wasser. Dann gehen wir weiter auf dem Pilgerweg, der sich nun durch karge, steinige Felder, stetig in die Höhe windet. Hier wirken die Wolken vor uns, als würden wir geradewegs in eine Gewitterfront hineinlaufen. Doch ich habe bald den Eindruck, dass die Wolken mit jedem Schritt vor uns zurückweichen. Bald wir mir klar, das wir langsam aber stetig in die tiefhängenden Wolken der *Montes de Leon* hineinlaufen. Wir können die Berge nur nicht sehen. Doch mein Pilgerführer verrät mir, dass wir heute bis zu unserem Etappenziel, einen Höhenunterschied von 670m überwinden werden! Denn der Ort *Foncebadon*, auf dem Pass, liegt auf einer Höhe von 1439 Metern. Bald wird es immer nebliger. Im Ort *El Ganso* machen wir eine kurze Rast in einer Bar. Wir sind einfach zu durchgefroren von der feuchten Kälte. Als wir weitergehen, hat sich der Nebel etwas verzogen und wir sehen jetzt, wie die Wolken über den Bergen hängen. Die Landschaft ist jetzt sehr karg und die Wiesen sind mit Geröll durchsetzt. In meinem Pilgerführer steht: „ Von Astorga bis zu den Bergen von Leon erstreckt sich die hügelige Landschaft der *Maragateria*. Die Vegetation ist karg und der Boden unfruchtbar, so dass die Bewohner nie von der Landwirtschaft allein leben konnten. So suchten sie neue Einnahmequellen und erlangten als Fuhrleute und Trommler einen Ruf. Die Menschen der *Maragateria*, die so genannten *Maragatos*, sind auch etwas Besonderes. Wahrscheinlich stammen sie von einer frühmittelalterlichen Fusion maurischer(arabischer) und gotisch-romanischer Volksgruppen ab. Bis heute haben sie ihre Traditionen, wie Trachten und Folklore, bewahrt. Auch die Häuser haben einen eigenen Baustil.“

Haus in der Maragateria

Durch Wind und leichten Sprühregen geht der Weg jetzt immer mehr in die Höhe. Vereinzelt sind nun Wälder aus niedrigen Eichen und Buchen zu sehen. In *Rabanal de Camino* machen wir Mittagsrast. Einige unserer Mitpilger brechen gerade auf und die, andere, die wir überholt haben kommen nach und nach herein. In der Bar ist es schön warm und so bleiben wir lange, um uns zu erholen. Im Ort gibt es auch eine Herberge, in die einige unserer Bekannten gehen wollen. Da sie aber erst ab 15.00 Uhr öffnet, warten sie eben noch in der Bar. Wir wollen aber noch nach *Foncebadon* und so gehen wir dann weiter. Im Ort steigt der Weg jetzt steil bergan. Ich habe ganz schön zu schnaufen mit meinem Rucksack auf dem Rücken. Doch Bernd, der vorneweg geht macht ein gutes Tempo und so kann ich mich „ziehen" lassen. Am Ortsausgang verwandelt sich der Weg in eine Schlammpiste. Hier bin ich wieder mal für meinen Pilgerstab dankbar. Die Wiesen stehen unter Wasser, da der Boden gefroren ist und das Schmelzwasser der Schneereste, die hier liegen nicht versickern kann. Vorbei an schönen, dunkelbraunen Kühen steigen wir nun auf einem schmalen Saumpfad durch Weiden, immer höher und höher. An einer gefassten Quelle halte ich an, um meine Wasserflasche aufzufüllen. Auf einer kleinen Hochebene lichtet sich der Nebel und wir haben einen schönen Blick zurück, auf unseren bisherigen Weg. Bernd geht währenddessen weiter und wird nur noch ein kleiner Punkt auf dem Abhang der Weiden. Später kann ich ihn wieder einholen.

Hier sind neben den Wegen niedrige Steinmauern errichtet. Dadurch wirkt die Landschaft wie in Irland. Jetzt verläuft der Pilgerweg einige Zeit entlang der Landstraße, auf der aber kein einziges Auto fährt. Hier herrscht eine totale Stille. Da wir hier im Windschatten der Berge sind, ist es windstill und der Nebel ist nicht ganz so undurchdringlich. Die Stimmung hat etwas Mystisches.

Dann, nach einem steilen Abschnitt über eine Wiese, gelangen wir wieder auf die Straße. Nach einer Kurve, bläst uns der Wind plötzlich mit aller Kraft entgegen. Und sofort sind wir wieder mitten im Dunst der Wolken. Bernd ist vor mir gerade noch zu erkennen. Nach einiger Zeit hat ihn der Nebel verschluckt. Jetzt höre ich nur das gleichmäßige Klacken meines Pilgerstabes auf dem Asphalt. Einmal höre ich den Ruf einer einsamen Kuh, die hier völlig frei weiden. Ein Hund antwortet und dann wieder Stille. Dann reißt vor mir der Nebel auf und ich sehe vor mir in der Höhe die Umrisse einiger Häuser und den Turm einer Trafostation. Und dann der Umriss einer einsamen Gestalt. Das kann nur Bernd sein. Und schon ist alles im Nebel verschwunden. Ich steige immer weiter auf der Landstraße durch den nun sehr dichten Nebel. Endlich sehe ich die Trafostation und dann die ersten Häuser von *Foncebadon.* Beim Näher kommen merke ich, das sie alle Ruinen sind. Die Dächer sind eingestürzt und aus den leeren Fensterhöhlen ragen Balken und wachsen Sträucher. Der Weg ist hier im Ort nur ein einziges Gewirr von Felsen und Geröll. Sie verlegen gerade eine neue Wasserleitung. Ich sehe Rohre liegen und einen abgestellten Bagger. Das Wasser quillt in vielen Rinnsalen den Weg entlang. Ich suche mir vorsichtig einen festen Tritt. Dann sehe ich rechts eine Bar! In dieser Einöde haben sie eine Bar. „Die spinnen, die

Spanier!" Da ich aber in die Herberge will, gehe ich noch Höher. Da höre ich ein Jodeln aus dem Nebel vor mir. Das ist Bernd! Noch ein paar Meter und ich sehe ihn auf einem Treppenabsatz stehen. Neben ihm steht ein älterer Mann, mit einem wahren Weihnachtsmannbart. Er ist der Herbergsvater, der uns nun hinein bittet.

Wir betreten die Herberge und werden von der bulligen Hitze eines Holzofens empfangen. Wunderbar! Ich nehme meinen Rucksack ab, stelle den Pilgerstab in die Ecke und setze mich an den Tisch zum *Hospitalero*. Er fragt woher wir kommen und ist mit uns zufrieden, als wir sagen, dass wir die ganzen 28 Km von *Astorga* bis hier hinauf gegangen sind. Dann zeigt er uns die Betten. Hier treffen wir auch wieder viele Bekannte. Die beiden Tschechen, das französische Paar, zwei Franzosen, die wir seit *Terradillio de Templarios* schon oft gesehen haben und einige Spanier. Später kommt noch ein einzelner Pilger, der sich dann als Amerikaner vorstellt. Er ist etwa 50 Jahre alt, grauharig und bei der Army in Frankreich stationiert. Er geht den Camino in seinem Urlaub. Er ist sehr sportlich und gut gelaunt. Nach dem Duschen setzen wir uns in den großen Aufenthaltsraum, an einen großen Tisch und trinken erst mal Tee. Ich schreibe Tagebuch und bin stolz auf meine heutige Leistung. Die Herberge ist eine ehemalige Kirche, die zur Hälfte renoviert wurde. Im Schlafraum sieht man an der Decke noch die schönen alten, mit Schnitzereien verzierten Balken. Alles ist neu und sauber. Hier gibt es sogar Internetanschluss! Nur der Rest der Kirche, nebenan ist nicht zu besichtigen. Am Abend gibt es heiße Suppe, die der Herbergsvater zubereitet hat. Wir haben mit geholfen, haben Zwiebeln geschält und den Tisch gedeckt. Dann sitzen wir alle gemeinsam um den Tisch. Der *Hospitalero* hält eine kurze Ansprache in Spanisch, der wir entnehmen, dass jedes Land ein Tischgebet in seiner Heimatsprache sprechen soll. Das ist sehr berührend und als die Reihe an uns kommt, singe ich „Segne, Herr, was deine Hand uns in Gnaden zugewandt, Amen." Dann essen wir gemeinsam und es kommt eine schöne, entspannte Stimmung auf. Alle haben ihre Vorräte auf den Tisch gestellt, so dass wir sogar Rotwein haben. Nach dem Essen unterhalten sich de Franzosen mit dem Amerikaner auf Englisch. Ich lausche und erfahre so, das einer der beiden Franzosen 10 Jahre Attache an der Botschaft in den Niederlanden war. Sein Mitpilger ist Direktor einer Bank. Das gibt Bernd und mir Stoff zum Nachdenken. Denn hier auf dem Camino zählt nicht die Herkunft. Hier bist du nur einfach ein Mitmensch, ein Pilgerbruder, der denselben Strapazen ausgesetzt ist wie du. Hier zeigt sich auch, wie unnötig all diese Masken und Verstellungen sind, die wir im bürgerlichen Leben für so wichtig halten.

Nach dem Essen holen die Franzosen ihr Liederbuch aus dem Rucksack und singen sehr schön zweistimmige, mittelalterliche Pilgerlieder. Alle stimmen in den Refrain mit ein und in dieser brüderlichen Stimmung gehen wir zu Bett.

Später habe ich dieses Gedicht in mein Tagebuch geschrieben:

Foncebadon

Wind von vorn,
Nebel und Wolkenfetzen,
Steile Straßen ohne Ende,
Auf dem Kamm ein Haus.
Foncebadon.

Zerfallene Steinhäuser,
Gesträuch hinter leeren Türen,
Eichenbalken – Gewirr,
Schlammiger Weg, Nebelnass,
Foncebadon.

Warme Herberge,
altes Haus mit hohen Räumen,
warme Dusche und Kaffee,
Weggefährten und fremde Sprachen,
Ausruhen bei alten Liedern,
Foncebadon.

20. Tag   22.04.2005

Früh erwachen wir und stehen gut gelaunt auf. Dann essen wir noch schön Frühstück. Wir machen uns Kaffe und dazu gibt es altbackenes Baguette vom Vortag Chorizo und etwas Käse. Wir sind fast die letzten, als wir gehen. Draußen sind wir gleich wieder mitten in den Wolken. Nebel ringsum, Nieselregen und kalter Wind von Vorn. Wir gehen weiter auf der felsigen Straße, durch das Dorf. Hier sind noch einige Häuser bewohnt. Aber sie sind notdürftig geflickt und machen einen erbärmlichen Eindruck. Wir haben gehört, dass sich hier in der Gegend einige Aussteiger angesiedelt haben. Das könnte bei einigen dieser Häuser der Fall sein. Hinter dem Dorf treffen wir wieder auf die Asphaltstraße, der wir nun ein Stück folgen. Dann geht es wieder auf einen Seitenweg, der uns bald durch Kiefernwald führt. Es folgen einige sehr steile Anstiege. Hier sehen wir immer wieder die frei umherlaufenden Bergkühe. Ihre Glocken sind in der Stille des Nebels das einzige Geräusch, außer dem gleichmäßigen Klacken unserer Pilgerstäbe.

Heute Morgen sind wir beide nicht in Redestimmung. Ich denke noch an den gestrigen Abend. Und natürlich an das *Cruz de Ferro*, das eiserne Kreuz. Still gehen wir

131

nun auf ebenen Höhenwegen, immer zwischen Straße und Waldrand.

Der Nebel wird etwas lichter und da, sehe ich einen Hügel, mit einer hohen Stange darauf. Langsam kommen wir näher. Endlich, das ist nun einer der wichtigsten Momente für mich. Der Hügel besteht aus Steinen. Große Brocken sind darunter, mittelgroße und unendlich viele kleine Steine. Der Steinhügel ist bestimmt 20 Meter im Durchmesser und über 5 Meter hoch. All diese Steine wurden im Laufe der Jahrhunderte von den Pilgern hierher gebracht. Der Ursprung soll schon in vorrömischer Zeit liegen. Die Römer hatten dann hier einen kleinen Tempel, auf dessen Ruinen später von den Christen eine Kapelle errichtet wurde. Auch sie ist zerfallen. Geblieben sind die Unmengen von Steinen. Jeder bringt einen oder mehrere Steine hierher, die für ihn eine Last, ein Leid oder ein Problem symbolisieren. Viele Steine sind bemalt, auf einigen sind Bilder aufgeklebt. Jeder Stein ist ein Symbol für menschliches Leid – aber auch für Hoffnung.

Vorsichtig steige ich auf dem schmalen Pfad, der sich von den Füßen der Pilger gebildet hat, nach Oben, zum Kreuz. Das Eisenkreuz ist auf der Spitze eines sehr hohen Mastes befestigt. Auch hier, in den Rissen des Holzes stecken Fotos, Passbilder und Briefe, sind Erinnerungsgegenstände an Verstorbene angebracht. Auch ich habe Steine mitgebracht. Aus meinem Pilgerführer war ich über den Brauch informiert. Es war mir gleich klar, das es drei Steine zu drei Bereichen meines Lebens sein würden. Innerlich ergriffen, lege ich meine drei kleinen Steine direkt an den Fuß des Mastes ab. Eine Weile verharre ich im stillen Gebet. Dann gehe ich wieder hinunter zu Bernd. Er sagt nichts und geht schweigend nach oben. Aus den langen Gesprächen mit ihm, weiß ich was ihm auf dem Herzen liegt. Als er wieder bei mir ist stehen wir noch stumm, in Gedanken versunken.

Hier ist wirklich ein heiliger Ort. Ein starker, guter Geist ist hier zu spüren. Tiefe Ruhe liegt über diesem

Hügel. Ich habe gelesen, dass im heiligen Jahr, 2004 Tausende von Jugendlichen Wallfahrern, diesen Ort in eine Müllhalde verwandelt hatten. Davon ist nichts mehr zu sehen. Ich denke, dass dieser Ort auch so stark auf mich wirkt, weil diese Steine geballte Wahrhaftigkeit sind. Hier trägt Niemand einen Stein her, der das nicht aus einer tiefen inneren Regung seiner Seele tut. Hier gibt es keine Verstellung und keine Falschheit. Wer bis hierher zu Fuß gelaufen ist, den hat der Weg geformt, der hat sich selbst erkannt.

Dann gehen wir langsam weiter und das Cruz de Ferro versinkt wieder im Nebel. Die Wege werden wieder schlammig und wir müssen auf jeden Schritt Acht geben. So fangen wir erst nach einiger Zeit an, wieder zu reden. Wir haben beide das Gefühl, je näher wir diesem Ort kamen, umso stiller und erregter wurden wir. Dann am Kreuz wurden wir ganz ruhig. Und jetzt beim Entfernen, lässt diese Stimmung ganz allmählich wieder nach. Mir fällt auch auf, dass die Felsformationen, über die wir laufen, langsam ihren Winkel verändern. Oben, am Cruz de Ferro steigen die Felslinien senkrecht aus dem Erdinneren nach Oben, hier und gestern beim Aufstieg senkt sich der Winkel nach und nach wieder in die Horizontale. Da Oben können also die Kräfte der Erde völlig ungestört austreten. Haben das die alten Kelten schon bemerkt?

Der Abstieg wird nun immer steiler. Irgendwann laufen wir nur noch auf der Asphaltsraße. Wir kommen in das verlassene Dorf *Manjarin*. Es ist nicht groß, macht aber einen sehr traurigen Eindruck. Die Höfe, die einst sicher groß waren sind fast alle Ruinen. Nur zwei Anwesen sind noch bewohnt. Eins davon ist die private Herberge von Tomas. Mein Pilgerführer schreibt, dass Tomas 1993 auf dem Weg nach Santiago war, als er sich hier entschied in der Einsamkeit des Dorfes zu bleiben. Er baute eines der Häuser wieder auf und lebt nun hier, in der Tradition der Tempelritter, um den Pilgern beizustehen. Sein Haus ist sehenswert, es ist mit allerlei Fundstücken, die aus dem Sperrmüll sein könnten geflickt. Es wirkt romantisch, aber wir wollten dann doch schnell weiter. Ab hier geht es nun stetig

133

bergab. Das Wetter wird immer besser und der Nebel verflüchtigt sich langsam. Bald erreichen wir die, mit 1517 m, höchste Stelle für heute. Dann geht es neben einer Straße sehr steil bergab.

Meine Füße schmerzen furchtbar. Bernd nimmt eine Abkürzung durch den Wald, aber ich will diese Schlammige, fast 45 Grad steile Strecke nicht auf mich nehmen. Wir trennen uns, und wollen uns im nächsten Ort wieder treffen. So gehe ich weiter auf der Straße, die auch so, immer noch steil genug ist, und in Serpentinen ins Tal führt. Die Wolken haben wir auf dem Gipfel hinter uns gelassen und so gehe ich in hellem Sonnenschein. Im Dorf *El Acebo* sehe ich Bernd vor mir. Wir gehen gemeinsam in eine kleine Bar, in der in einem Kanonenofen ein Holzfeuer brennt. Hier machen wir eine längere Rast und ruhen unsere schmerzenden Beine aus.

Hinter dem Dorf bietet sich uns eine schöne Aussicht auf die tiefer gelegenen Orte und Täler. Es ist eine wahre Lust, im Sonnenschein, mit kurzen Hosen und T-Shirt, über sattgrüne Wiesen bergab zu steigen. Die Landschaft hat Mittelgebirgscharakter und das Bild wird noch von grasenden Kühen vervollständigt. Wir gehen durch ein kleines Dorf, in dem ich mich direkt ins Mittelalter zurückversetzt fühle. Uralte Häuser mit unverputzten Steinmauern, knöcheltiefer Mist auf dem Weg und in den geöffneten Ställen. Wenn nicht hier und da ein Traktor zu sehen wäre, könnte man an eine Zeitreise denken. Genau so hat es hier schon vor dreihundert Jahren ausgesehen!

Am Ortsausgang des nächsten Dorfes sehen wir ein Denkmal für einen Radpilger. Er ist hier gestorben. Wie können nicht Erkennen, ob durch einen Unfall oder durch Überanstrengung. Das ist das erste, von mehreren Pilgergräbern, die wir bis Santiago noch zu sehen bekommen. Sie sind alle aus den letzten dreißig Jahren. Auch in der heutigen Zeit ist das Pilgern doch noch eine Herausforderung. Nach dem letzten Haus steigen wir nun steil in ein baumbestandenes, feuchtes Tal hinab. Jetzt wird die Vegetation immer Üppiger. Wir gehen über Wildkräuterwiesen und ich glaube mich in einen botanischen Garten hineinversetzt! Die Wiesen sind voll von den unterschiedlichsten Kräutern und es liegt ein betörender Duft in der Luft. Wir überqueren den Wildbach mehrmals, auch auf einer uralten Steinbrücke, neben der eine Gruppe uralter, dicker Eichen steht. Diese unveränderten, originalen Orte sind es, die mich immer in Ehrfurcht versetzen. Denn hier ist die Geschichte fast mit Händen zu greifen. Wer hat hier im Schatten dieser Bäume gerastet? Hier sind sie alle durchgelaufen. Franziskus von Assisi, fast alle Päpste, Könige und Herren, viele andere Menschen, Heilige, Sünder, Verbrecher, Künstler, aber auch die Unmengen der einfachen Pilger. Im weitergehen denke ich auch, dass einige Altenburger denselben Weg gegangen sein müssen. Wie das wohl damals für sie war? Und dann der gleiche lange Weg zurück.

Auf dem folgenden Abschnitt ist der Weg etwa dreißig Zentimeter tief in den gewachsenen Fels eingeschnitten. Das ist nicht angelegt, das ist von unendlich vielen Pilgerfüßen ausgetreten! Weiter unten, sind die Hänge von hohem Heidekraut und Ginster bedeckt. Aber die meisten Flächen sind verbrannt. Es muss im letzten Jahr hier heftige Flächenbrände gegeben haben. Dann erreichen wir wieder die Straße, auf der wir nun zur Stadt *Molinaseca* kommen. Kurz vor der alten Römerbrücke, treffen wir die beiden Tschechen. Wir begrüßen uns freudig. Gemeinsam überqueren wir den *Rio Meruelo*. Gleich hinter der Brücke, ist eine schöne alte Bar, in die wir gehen, um Mittag zu essen. Unsere beiden Mitpilger wollen aber weiter und so rufen wir uns schon wieder ein „Ultreia" zu! Ich bestelle mir auf gut Glück etwas Warmes. Es ist dann eine Steingutpfanne mit gebratenem Rindsgehacktem, vermischt mit Leber, mit viel Zwiebel und sehr gut gewürzt. Der junge Mann, der uns bedient sagt mir, es ist *Chicho*. Es schmeckt sehr gut. Dann lese ich an der Wand einen handschriftlichen Hinweis auf *Lemonade*. Ich frage den jungen Mann danach und er erklärt mir, das sei ein Wein-Mischgetränk. So etwas wie Punsch. In den Rotwein werden Gewürze gemischt, hauptsächlich Lemonen und Zucker. Da er sich freut, dass ein Pilger solches Interesse an seinen Produkten zeigt, bietet er mir ein Glas zum Kosten an. Ich danke und finde dass es sehr gut schmeckt. Aber da wir noch acht Kilometer laufen müssen, möchte ich doch nicht mehr trinken.

Wir durchqueren dann die Stadt und müssen nun viel auf Asphaltstraße laufen. Das macht meinen Füßen doch sehr zu schaffen. Ab hier wird die Landschaft eben und intensiv genutzt. Wir gehen erst auf einem Radweg, direkt neben der Straße. Links und rechts sind große Gärten mit Wochenendhäusern und dazwischen immer wieder kleine Bauernhäuser. Hier wird Weinanbau gepflegt und daneben sehen wir viele Obstplantagen. Die Apfelbäume beginnen gerade zu blühen. Die Straße steigt stetig an. Kurz vor der höchsten Stelle machen wir noch mal eine kleine Rast in einem Dorf. Aber wir sitzen nur auf einer Mauer, da es hier keine Bar gibt. Danach geht es wieder abwärts und wir können nun die weite Talebene sehen, in der unser heutiges Ziel, *Ponferrada*, liegt. Bald verlässt der Pilgerweg die stark befahrene Straße und wir laufen nun auf Feldwegen, durch mehrere Ortschaften, die unmerklich ineinander übergehen. So erreichen wir auf Umwegen, nach und nach den Stadtbereich. Zwischendurch überrascht uns noch ein Regenschauer, der aber nicht lange anhält Die Sonne scheint, als wir nach *Ponferrada* kommen. Im Stadtgebiet sehen wir plötzlich keine Pfeile mehr. Da sich mein Pilgerführer missverständlich ausdrückt, laufen wir erst mal in die falsche Richtung und stehen unerwartet vor der Templerburg.

Die wollte ich auf alle Fälle sehen, aber jetzt ist mir nicht der Sinn danach, So machen wir kehrt. An einer Kreuzung sehen wir einen bärtigen Mann, mit Rucksack und Wanderstab. Ein Pilger!!! Sofort fragen wir ihn nach der Herberge. Er ist besser informiert und so gehen wir nun gemeinsam weiter. Es ist ganz nah und so sehen wir endlich die Herberge, die sich in einem ehemaligen Nonnenkloster befindet. Sie steht einsam in einem Brachland. Aber die Herberge ist wirklich sehr schön. Alles ist neu und zweckmäßig. Wir gehen in den großen Gemeinschaftsraum, der auch als Küche dient. Sofort werden wir von zwei alten Herren angesprochen. Sie betreiben hier ehrenamtlich das Geschäft des *Hospitalero*. Vor uns sind noch drei ältere Herrschaften dabei, sich ihre Stempel zu holen. Scherzend sage ich zu Bernd: "Das ist Ja hier wie im Altenheim!" Auf unserem Zimmer treffen wir dann auch noch vier Deutsche, alle ebenfalls weit in den Siebzigern. Am meisten staune ich über die beiden Tiroler. Sie sind Brüder, die in diesem Jahr auch ihren Pilgerweg in *Saint Jean Pied de Port* begonnen haben. Sie reden in einem, für uns, kaum verständlichen Dialekt. Doch mit vielen Rückfragen erfahren wir, dass sie schon vierzig hohe Berge bestiegen haben, einige dreitausender darunter. Sie haben wettergegerbte Gesichter und durchtrainierte Körper. Nachdem wir uns eingerichtet haben, gehen wir erst mal Duschen. Das ist mit das wichtigste nach dem langen Tag auf dem Weg. Nachdem Bernd seine armen Füße mit Pflaster und Salbe versorgt hat, gehen wir nun doch noch zur Templerburg. Der Weg ist nicht weit. Die Burg ist eigentlich Ruine, da von den Häusern keines mehr bewohnbar ist. Doch da noch alle Außenmauern stehen und die Reste der Gebäude und Türme immerhin noch gut erhalten sind, macht sie von Außen einen imposanten Eindruck. Wir gehen über die Zugbrücke und bezahlen unseren Eintritt. Bernd versucht wieder mal, ob wir als „heilige Pilger" nicht einen Rabatt bekommen. Aber so weit geht man im katholischen Spanien dann doch nicht! Einen der Türme besteige ich und habe einen guten Blick auf die Stadt, die am *Rio Sil* liegt. Ich kann die Brücke über den Fluss sehen und auch weit in das Hügelland des *Bierzo*, ein bekanntes Weinanbaugebiet, durch das wir morgen gehen werden. Die Burg ist eines der bedeutendsten Zeugnisse mittelalterlicher Militärarchitektur. Im 12./13.Jahrhundert von den Templern erbaut sollte sie den Weg der Pilger und die Brücke über den Fluss sichern.

Die Besichtigung ist für mich sehr interessant, da ich mich schon seit langem mit der Geschichte des Ordens der Tempelritter befasst habe. Aber unsere Füße schmerzen zu sehr, so das wir nicht lange bleiben. Wir verlassen die Burg und gehen in die, unmittelbar angrenzende Altstadt. Auf der *Plaza* setzen wir uns vor einer Bar an einen der bereitstehenden Tische und bestellen uns ein Bier. Wir strecken die Beine von uns und überdenken noch mal die heutige Wegstrecke. Es waren 26 Km bis hierher, mit Stadt und Burg sicher 30 Km. Doch was haben wir alles erlebt! Heute Morgen waren wir noch auf 1500m Höhe in Nebel und Kälte, am Cruz de Ferro- und jetzt sitzen wir hier, auf 541m in der Sonne und trinken unser Bier wie jeder andere Tourist. Hier macht mich Bernd auf die vielen „Hüftlahmen" aufmerksam. Tatsächlich hat hier jeder fünfte Passant ein Humpeln an sich. Wir ergehen uns in verschiedenen Vermutungen über dieses Phänomen. Am Wahrscheinlisten ist, das die Leute ihre Probleme von der jahrelangen, harten Arbeit im Bergbau haben. Denn *Ponferrada* ist ein großes Zentrum des Kohleabbaus gewesen. Nachdem wir dann noch in einer Apotheke und einem *Supermercado* waren, gehen wir wieder in die Herberge. Hier setzen wir uns zu den anderen Pilgern in die Küche und machen Abendbrot. Dann kommen auch wieder alte Bekannte dazu; die Tschechen, die französische Gruppe und das Ehepaar. Und hier treffen wir auch die beiden Frauen, die Südafrikanerin und die Holländerin wieder. Wir sind dann aber doch zu müde, um länger in der Runde mithalten zu können. So gehen wir gegen 20.00Uhr in die Betten.

21. Tag   23.04.2005

Ich habe in der letzen Nacht nicht gut geschlafen, weil es in de Räumen zu warm war. Da unsere Mitpilger schon sehr früh auf den Beinen sind, so stehen wir auch schon 6.30 Uhr auf. Wir machen aber noch schön gemütlich Frühstück in der Küche. Dann geht es wieder los. Noch einmal gehen wir, wie gestern an der Burg vorbei, in die Altstadt. Über steingepflasterte Gassen, durch ein Stadttor, und dann steile Treppen hinab. Hier sind wir plötzlich an einer stark befahrenen Straße, zwischen Hochhäusern und Läden. Wir überqueren den Rio Sil auf der alten Brücke und gehen gleich danach durch eine Gasse hinunter an eine schöne Promenade. Hier führt unser Weg unter alten Platanen bis an das Ende der Anlagen. Dann steigen wir hinter Sporthallen hinauf zur Straße. Ab hier laufen wir nur noch durch hässliche Industriegebiete. *Ponferrada* war einmal eine Stadt, in der die Kohleindustrie vorherrschend war. Davon sind nur noch Industrieruinen und Abraumhalden zu sehen. Wir gehen dann durch Arbeitersiedlungen, bis wir nach und nach in eher dörfliche Siedlungen kommen. Irgendwann führt der Weg dann durch die endlos wirkenden Hügel voller Weinreben. Das ist das *Bierzo,* ein bekanntes Weinanbaugebiet. Hier werden die Wege immer schlechter. An vielen Stellen quälen wir uns durch den roten, fettig-zähen Schlamm, immer Hügelauf, Hügelab. Dann überholen uns die beiden Tiroler, wir versuchen eine Zeit lang mit ihnen Schritt zu halten, aber mir gelingt das nicht. Daher lasse ich die drei ziehen und laufe in meinem eigenen Tempo weiter. Ich muss nun auch die Jacke ausziehen, denn jetzt brennt die Sonne heiß, so das ich sogar Sonneschutzcreme auftrage. Nach vielen Anstiegen, erreiche ich dann eine Anhöhe, von der aus man einen überwältigenden Blich auf die Stadt *Villafranka del Bierzo* und das dahinter liegende Gebirge, die *Sierra de Ancares*, hat. Der Weg verläuft jetzt idyllisch immer bergab am linken Berghang und gewährt schöne Ausblicke auf den Ort mit seinen beiden Kirchen. Im Mittelalter wurde diese Stadt auch „kleines Compostella" genannt, da an der Santiago-Kirche eine Gnadenpforte aus dem 12.Jahrhundert ist. Wer wegen Krankheit nur bis Hierher kam und durch diese Pforte ging, dem wurde derselbe Ablass seiner Sünden gewährt, wie in Santiago de Compostella. Am Ortsanfang, kurz hinter der Herberge treffe ich Bernd wieder, der auf einer kleinen Mauer auf mich gewartet hat. Gemeinsam gehen wir in die Stadt, genau auf das *Castillo,* die Burg, zu. Da auch hier keine Pfeile zu sehen sind, gehen wir zu weit. Am Ortsausgang merken wir, dass hier etwas nicht stimmen kann. (Zuhause erfahre ich von meiner Schwester, die 2006 den Camino bis Santiago de Compostella gegangen ist, dass wir uns hier tatsächlich verirrt haben.)

Doch da wir hungrig sind und uns die Füße schmerzen, gehen wir erst mal in die Raststätte, die hier neben der N 120 steht. Wir sind die einzigen Gäste in dem riesigen Lokal. Aber wir essen dennoch mit gutem Appetit. Dann gehen wir weiter, zurück in Richtung Stadt. Dabei fragen wir nach dem Weg. Eine Frau sagt immer wieder das Wort *„Tunnel, Tunnel, Si, Si.* Nachdem wir eine Brücke überquert haben, sehen wir es. Neben der alten Straße, die hier durch einen Tunnel führte, wurde vor kurzem eine neue in Betrieb genommen, die ebenfalls durch einen Tunnel geht. Beide sind unmittelbar benachbart. Da die Straße nun kaum noch befahren wird, sollen wir ruhig durch den Tunnel laufen. Vorsichtshalber fragen wir noch mal in einer kleinen Bar nach. Lachend sagt uns die Frau hinter dem Tresen, dass es schon richtig ist. Die Gäste feixen, denn anscheinend ist das hier der ständige Gag, das immer wieder die Pilger nach dem Weg fragen und sich wegen der Tunneldurchquerung nicht sicher sind. Also gehen wir mit frischem Mut ans Werk. Der Tunnel ist etwa 200 Meter lang und es kommt kein Auto, während wir durchlaufen. Er liegt zwar etwas in der Kurve, aber dennoch kann man die beiden Enden ständig sehen. Außerdem brennen die Lampen und es ist taghell. Etwas unheimlich ist, dass man das Rumpeln der Trucks vom Nachbartunnel deutlich durch die Felswand hören kann. Auf der anderen Seite angekommen, sehen wir als erstes, das es hier geregnet hat, denn alles ist nass. Wir sind hier plötzlich in einem tief eingeschnittenen Gebirgstal, etwas oberhalb eines kleinen Flüsschens, das sich wie ein Wildbach über Felsbrocken ergießt. Das Rauschen wird uns die nächste Zeit begleiten. Leider schlängelt sich auch die neue Autobahn auf hohen Betonstelzen durch das Tal und zerstört damit die Idylle. Wir gehen nun lange am Rand der alten Straße, links der Bach und rechts hohe, Moosbewachsene, Felsen. Dann beginnt es zu Regnen und ich hole meinen Regenponcho raus. Bald verlässt der Weg die Straße, wir durchqueren ein kleines Dorf, das von uralten Kastanien umgeben ist und steigen langsam wieder höher. Das ist *Pereje*, unser heutiges Etappenziel. Fast am Ortsausgang ist links die Herberge. Sie ist noch geschlossen, aber man kann sich in der Bar melden. So gehen wir einige Häuser zurück und in die Bar. Wir fragen nach der Herberge und werden nach kurzer Zeit von einer jungen Frau begleitet. Sie lässt uns ein und erledigt die Formalitäten und gibt uns natürlich den Stempel in unseren Pilgerausweis. Dann sehen wir den Schlafraum und sind begeistert, denn hier gibt es nur Einzelbetten! Wir suchen uns jeder eines aus, packen den Rucksack aus und gehen gleich Duschen. Das Haus ist bis jetzt die schönste Herberge, denn die in *Astorga* war ja eine Privatunterkunft. Es ist ein altes Bauernhaus, mit unverputzten Steinwänden innen und außen. An der Decke sind dicke Holzbalken und die Räume sind schön renoviert. Auch hier gibt es einen Internetanschluss, den ich dann auch nutze, um meiner Familie eine E-Mail zu schicken. Hinter dem Schlafraum ist über die ganze Breite des Hauses ein Holzbalkon, von dem aus ein schöner Garten zu sehen ist. Da steht auch ein Pavillon, wo man im Sommer Grillen kann. Auf dem Balkon ziehe ich mir eine Leine, an der ich meine gewaschene Wäsche Aufhänge. Dazu benutze ich die Klammern, welche mir mein Pilgerbruder Mario in *Burgos*, bei unserem Abschied überlassen hat. Da sich der Regen verzogen hat, kann ich meine Sachen in schönstem Sonnenschein Aufhängen. Dann setzen wir uns noch in die Sonne und pflegen unsere Füße. Nach und nach treffen auch noch andere Pilger ein, auch einige alte Bekannte. Am Abend gehen wir dann in die kleine Bar. Hier verbringen wir den Abend bis zum Schlafengehen. Es ist ein gemütliches, altes Haus. Nach und Nach treffen auch viele unserer Mitpilger ein. Als Bernd auf der Toilette ist, bestelle ich für uns beide eine Fischsuppe. Als Bernd zurückkommt ist er betreten, denn er isst eigentlich keinen Fisch. Während wir noch überlegen, wie wir dem Wirt verständlich machen könne, das wir nur eine Suppe wollen, setzt sich ein junger Mann zu uns an den Tisch. Er spricht gut

englisch und fragt mich, ob wir eine einzelne Pilgerin
gesehen hätten, das wäre seine Mutter. Sie haben sich
heute früh im Nebel verloren. Irgendwann frage ich ihn
ob er gerne die Fischsuppe essen möchte. Er nimmt
dankend an, sagt aber dass er wissen will was sie
kostet, da er nur noch wenig Geld hat. Natürlich lade
ich ihn ein und spendiere ihm die Suppe. Das ist eine
wahre Köstlichkeit, schön sämig und mit verschiedenen
Fischarten. Wunderbar!

22. Tag   24.04.2005

Wir erwachen gut erholt. Als wir unsere Rucksäcke
gepackt haben, gehen wir erst noch mal in die
Bar, um Frühstück zu essen. Der Morgen ist klar und
frisch. Vereinzelte Wolken am Himmel, aber meist
Sonnenschein, bei Temperaturen um die 5 Grad. Wir
kommen recht schnell in unseren Rhythmus. So gehen
wir immer im Tal des *Rio Valcare*, wo es mir vorkommt
wie im Bodetal. Hier könnte eine der romantischsten
Wegstrecken sein, wenn die Autobahn nicht so
allgegenwärtig wäre. Sie verläuft zuerst auf immer
höheren Stelzen über dem Tal. Dann verschwindet sie
immer mal wieder in einem Tunnel, um danach, weiter
oben wieder über eine Brücke zu führen. Der Bau
dieser Autobahn ist sicher eine Ingenieurtechnische
Höchstleistung, zerstört aber das Naturerlebnis in
diesem schönen Tal. Nach etwa 6 Km erreichen wir den
Ort *Trabadelo.* Hier weitet sich das Tal zu
sanftgewellten Wiesen und Weiden. Die kleine Stadt
wirkt wie ein Urlaubsort im Thüringer Wald. Viel
Pensionen, kleine Handwerksläden und überall
verkaufen die Frauen Wanderstücke, Pilgerstäbe und
Kalebassen. So ist der Fremdenverkehr auch auf das
Pilgern eingestellt. Dann steigt unser Weg auf einer

kleinen Landstraße stetig in die Höhe. Hier quillt die Feuchtigkeit aus jeder Felsritze. Überall sind kleine Quellen, Bäche und Rinnsale zusehen. Nach vielen Anstiegen und vielem Schnaufen meinerseits kommen wir nach *La Portela* wo wir einige Zeit an der Autobahn entlang laufen, vorbei an einer großen Raststätte um danach endlich diese Schnellstraße zu verlassen. Jetzt verläuft die Straße, ständig ansteigend am linken Berghang, so dass wir sehr schöne Ausblicke auf das Tal und die Berge haben. Hier sind auch viele braune Kühe auf den Weiden zu sehen. Im nächsten Ort, *Vega de Valcare*, machen wir Rast in der Bar. Hier komme ich schon mit Regnponcho an, da wir nun wieder in Regenschauer geraten. In der Bar ist es kalt, so dass wir uns nur mit Tee aufwärmen können. Wir merken jetzt schon Schmerzen in den Füßen, da wir heute nur auf Asphalt laufen müssen. Denn die kleine Landstraße, ist die ehemalige N 120, die nun, durch den Bau der Autobahn, nicht mehr vom Fernverkehr befahren wird. Mit Schrecken malen wir uns aus, wie die Pilger vor einigen Jahren hier vor Trucks und Autos gezittert haben müssen. Das lässt uns die nächste Strecke dann doch wieder in besserem Licht erscheinen. Auch der Regen hat mal wieder aufgehört und die Sonne verwöhnt uns. In dem kleinen Dorf *Ambasmestas*, kann ich mir an einer schön gefassten Quelle, meine Wasserflasche mit klarem Wasser füllen. Ab hier steigt der Weg jetzt nur noch bergan, bis hoch zum Pass von *O`Cebreiro*, ist es ein Höhenunterschied von fast 800 Metern! Nun verlässt uns die Sonne endgültig. Es beginnt zu Regnen, und der Regen wird mit jedem Höhenmeter stärker. Weiter Oben, an einer Stelle, da der Pilgerweg von der Straße abzweigt und nur noch die Radpilger weiter auf der Straße bleiben sollen, entscheiden wir uns auch für die Straße. In dem Dauerregen haben wir beide keinen Nerv mehr für irgendwelche landschaftlichen Besonderheiten. Jeder geht nun schweigend seinen Schritt. Meter um Meter quäle ich mich höher. Die Luft wird knapp, ich muss oft anhalten und verschnaufen. Ich bin jetzt mitten in den Wolken, mitten im Nebel. Bernd vor mir ist nur noch zu erahnen und am Geklapper seiner Walking -Stöcke auszumachen. Da ich nun nur noch an mich denken kann, ist er bald im Nebel verschwunden. Immer höher windet sich die Straße, immer schlimmer wird das Wetter. Erst Schneeschauer, dann Eisgraupel und kurz vor dem Pass gießt es so schlimm, das ich denke ein Feuerwehrschlauch könnte nicht schlimmer sein. Der Regenponcho ist völlig durchnässt und ich benutze ihn nur noch als Schutz vor dem Eissturm. Von der sicher sehr tollen Sicht kann ich nichts erahnen. Ich gehe gebeugt, sehe nur etwa zwei Meter vor mir die Straße und kämpfe mich verbissen der Siedlung auf dem *O`Cebreiro* entgegen. Oben verläuft die Straße etwa 200 Meter geradeaus. Hier ist es am schlimmsten. Jetzt bin ich völlig schutzlos dem Wüten des Sturmes und dem alles durchdringenden Regen ausgeliefert. Meine Wanderstiefel sind mittlerweile voller Wasser, obwohl ich dichte Gamaschen darüber habe. Dann kann ich im Nebel die Mauern einiger Häuser sehen. Ich gehe an einigen erleuchteten Fenstern vorüber, auf der Suche nach der Herberge. Später erfahre ich, dass hier, in einer Bar, Bernd sitzt und auf mich wartet. Aber in meinem Zustand kann ich an keine Bar denken. Ich brauche nur noch ein Dach über dem Kopf und trockene Kleidung! Also weiter. Die Häuser verschwinden hinter mir und kurz darauf taucht ein großes Gebäude auf. Es hat das Zeichen der Herbergen an der Front. Doch die untere Tür ist verschlossen. Ich gehe um das Haus herum und eine Treppe hoch. Und dann, genau auf dieser Treppe habe ich meinen Tiefpunkt. Ist es ein Nervenzusammenbruch? Ungebremst brülle ich meine Verzweiflung heraus. Alles erscheint mir so sinnlos! WARUM?

Doch das Schreien hat letzte Kräfte mobilisiert. Ich gehe um die Ecke, stemme mich noch mal gegen den Sturm und betrete das Haus. Dann, in der Herberge, gehe ich eine Treppe hoch und da ist ein Schreibtisch mit der *Hospitalera.* Endlich am Ziel! Bevor ich mich einschreiben lasse, ziehe ich wortlos meine nasse Oberbekleidung aus und hole mein Handtuch aus dem Rucksack. Erst nachdem ich mich abgetrocknet habe, kann ich mich wieder als Mensch fühlen. Erschrocken sieht mir die Frau mit großen Augen zu. Erst dann kann ich mich ihr zuwenden und wieder zivilisiert wirken. Dann hinunter in den Schlafsaal. Hier schlägt mir eine Woge warmer, stinkender Luft entgegen. Der Raum ist voller junger Leute, an jedem der Doppelstockbetten sind Sachen zum Trocknen aufgehängt und auf den voll aufgedrehten Elektroheizungen stehen Wanderstiefel zu Trocknen. Das verbreitet einen Gestank von verschmortem Gummi und Fußschweiß, der mir den Atem verschlägt. Zum Glück finde ich gleich links neben der Tür noch ein freies Bett, und noch dazu Unten! Ich stelle meinen Rucksack ab und den Pilgerstab in die Ecke. Dann ziehe ich die nassen Sachen aus und wringe meine völlig durchnässten Strümpfe aus. Ich gehe erst mal heiß duschen. Im Moment bin ich mir sicher, das ich die Pilgerwanderung abbreche. Hier bin ich an meine Grenzen gestoßen. Mehr kann ich nicht schaffen. Allen Ernstes will ich in diesem Moment nur noch ein Taxi rufen und mich in die nächste Stadt bringen lassen. Durch das Duschen wieder mit neuer Energie erfüllt, gehe ich mit trockener Kleidung in die Küche und mache mir erst mal einen heißen Tee. Nun kommt auch der Hunger und so esse ich Brot und meine Reserve, eine Büchse Ölsardinen. Dann sehe ich, das es hier auch eine Waschmaschine und einen Trockner gibt. Nun habe ich wieder Mut. Als ich auf dem Flur auch noch zwei unbenutzte Heizungen zum Trocknen der Schuhe entdecke, macht mein Herz Freudensprünge. Jetzt ist alles Klar, nun brauche ich an Abbrechen nicht mehr zu denken. So hole ich schnell meine Sachen, stelle die Schuhe auf die Heizung und lege meine nasse Kleidung in den Münz-Trockner. Da kommen auch meine beiden Freunde, das französische Ehepaar herein. Wir freuen uns, denn sie haben sich hier ebenso allein gefühlt wie ich. Sie fragen, ob sie ihre Wäsche gleich mit in den Trockner legen können. Natürlich ist das ist kein Problem. Nur das Starten der Maschine gelingt uns beim besten Willen nicht. Die *Hospitalera* hat auch keine Ahnung und vertröstet uns auf die andere, die als Ablösung irgendwann kommen soll. Also setzte ich mich in den Großen Gemeinschaftsraum an ein Fenster und genieße den Ausblick. Die Wolken ziehen mit großer Geschwindigkeit über den Bergkamm. Es ist faszinierend zu beobachten, wie sich

145

innerhalb weniger Minuten alles verändert. In einigen Momenten ist es fast klar und ich kann zu einem gegenüberliegenden Berg sehen, auf dem ein Fernsehturm steht. Als dann sogar mal die Sonne durchbricht, laufe ich mit meinen Badelatschen in großen Bogen um die Pfützen und gehe in den Souvenirladen. Hier hatte ich beim vorbeigehen neue Regenponchos gesehen. Also probiere ich sie an und bin zufrieden. Ich kaufe mir einen und habe nun ein sichereres Gefühl. Wenn ich nun wieder in solchen starken Regen gerate, bin ich wenigstens Obenrum etwas trockener. Dann fängt es auch schon wieder an zu regnen und in einer Pause laufe ich schnell zurück in die Herberge. Da sich mit dem Trockner noch nichts getan hat, nehme ich meine Wäsche wieder heraus und stelle zwei Stühle an die beiden Heizungen. Ich hänge meine Sachen über die Lehnen und trockne sie nun so. Dann setze ich mich wieder an „mein" Fenster, sehe zu wie es nach und nach dunkel wird und schreibe in mein Tagebuch. Ich bin heute 21 Km gelaufen, davon 12 Km steil bergauf, von 630m auf 1293m, also 663m Höhenunterschied.

Dabei ist dieses Gedicht entstanden:

O Cebreiro

Nebelfetzen, triefende Nässe,

doch auch weite Blicke in grüne Täler.

Schneeschauer und Eiskörner,

doch auch Sonne im Tal und Himmelsblau.

Nasse Kleidung, nasse Schuhe,

doch auch warme Räume und ein weiches Bett.

Mutlosigkeit und Zweifel, wozu, warum?

Doch auch Hoffnung auf Morgen.

Langsam wieder vertrauen, auf Gott? Auf mich?

Einfach den Weg gehen.

Die Nacht war unruhig, denn die vielen jungen Leute haben viel Rotwein getrunken und bis spät gelacht und gelärmt. Ich packe meine Sachen ein und freue mich, dass meine Schuhe wieder trocken sind. In der Küche mache ich ein kleines Frühstück. Hier trenne ich mich auch von meiner blauen Blechtasse. Ich habe sie nur selten benutzt und sie stört mich beim Überziehen des Regenponchos, da ich sie ja immer außen am Rucksack befestigt hatte. Ich stelle sie also in den Schrank und gehe wieder mit frohem Mut auf meinen Pilgerweg. Draußen weht zwar noch ein kräftiger Wind, aber der Nebel ist aufgerissen, und zwischen den Wolken ist sogar blauer Himmel zu sehen. So gehe ich erst mal auf der Asphaltstraße weiter. Nach einigen Biegungen ist die Siedlung von *O`Cebreiro* verschwunden und ich bin allein in der grandiosen Berglandschaft. Heute habe ich weite Blicke in die Täler und auf die umliegenden Höhenzüge, deren Spitzen teilweise mit Schnee bedeckt sind. Jetzt geht es immer leicht bergab, ich komme so richtig in Schwung und meine Laune ist so gut, das ich lange und ausgiebig das Lied singe: „Gott hält die ganze Welt in seiner Hand..." Dann erreiche ich den kleinen Ort, wo eigentlich unser gestriges Ziel war. Das ist die Passhöhe von *San Roque,* mit 1270 Metern. Hier komme ich gegen 9.30 Uhr an der Herberge vorbei. Doch sie ist geschlossen und von Bernd weit und breit keine Spur. Sicher ist er schon voraus und wir werden uns in einer Bar treffen. So gehe ich weiter. Kurz nach dem Ort verlässt der Weg die Straße und führt auf Gebirgspfaden durch steile Almen. Hier sehe ich auch wilde Priemelchen zwischen den Steinen wachsen und an einer anderen Stelle Schneeglöckchen, allerdings sind die Blüten völlig gelb! Kurz hinter einem kleinen Bergdorf steigt der Weg dann sehr steil an und ich schiebe mich regelrecht mit meinem Pilgerstab, den Berg hinauf. Oben angekommen ist eine Raststätte, in die ich gehe, um mich zu wärmen. Es ist ziemlich voll, doch auch hier ist Bernd nicht. Ich trinke Tee und sehe in meinem Pilgerführer, das ich hier auf dem *Alto de Poio* bin bin.

Das ist mit 1337 m die Höchste Stelle des ganzen Pilgerweges. Als ich weitergehe ist wieder dichter Nebel. Dennoch sehe ich gleich auf der anderen Straßenseite die berühmte Plastik eines Pilgers. Es ist ein mittelalterlicher Pilger, mit langem Umhang, Pilgerstab, großem Hut mit Jacobsmuschel und Sandalen an den Füßen. Er schreitet mit großen Schritten aus, stemmt sich gegen den Sturm und hält mit seiner linken Hand den Hut fest. Seine rechte Zehe ist golden, weil alle Pilger den Zeh reiben, um Glück auf dem weiteren Weg zu haben. Natürlich huldige ich auch diesem Brauch und lege einen Stein auf den Sockel. Ab hier geht es nur noch bergab, im Prinzip bis *Santiago de Compostella*. Der Weg verläuft nun wieder neben der Straße und führt an einigen Stellen über Weiden und grüne Wiesen. Ich durchquere nun immer wieder kleine Dörfer und stelle fest, dass sich mit dem Abstieg auch das Wetter ändert. Und ich habe das Gefühl, als würde ich in der Zeit durch die Monate wandern. Oben auf dem Pass war noch Winter und hier unten ist Frühling. Die Sonne scheint wieder warm, überall treiben die Knospen und als ich die Stadt *Triacastela* erreiche sehe ich Kirschbäume in voller Blüte! Hier mache ich die nächste Rast, natürlich wieder in einer Bar. Später kommen auch noch zwei Pilger hinzu, die ich weiter oben überholt habe. Sie sprechen mich in Deutsch an und es stellt sich heraus, dass sie aus Wien sind. Nur an meiner Art, wie ich sie mit *Holla* gegrüßt habe und an meinem *Bon Camino*, haben sie erkannt, dass ich ein Deutscher sein muss. Der Sachse wird scheinbar immer als solcher erkannt! Mein Mittagessen ist ein *Bocadillo*, das ist ein belegtes Baguette, hier mit zwei Sorten Käse. Ich schaffe nur die Hälfte, den Rest nehme ich mit. Am Ortsausgang teilt sich die Straße und es gibt zwei Wegalternativen. Da die eine als sehr beschwerlich beschrieben wird und wieder ein steiler Anstieg zu bewältigen ist, entscheide ich mich für die andere. Außerdem komme ich so zum Kloster Samos, wo die Herberge ist. Das ist also mein heutiges Ziel, noch 11 Kilometer. Zuerst überquere ich den Fluß *Ouribio*, auf einer alten Steinbrücke. Dann führt der Jacobsweg immer entlang der Straße, durch das Flusstal. Auf der rechten Seite sind immer die steilen

Felswände zu sehen und an vielen Stellen treten Wasseradern aus, die unter der Straße hindurch, links mit Getöse ins Tal stürzen. Dann überhole ich eine Gruppe italienischer Pfadfinderinnen, die mich danach ebenfalls überholen. Nach einigen Kilometern führt der Weg dann wieder von der Straße weg. Steil geht es nach Oben, auf kleinen Landstraßen, durch sattgrünes Hügelland. Immer wieder komme ich durch kleine Dörfer in denen die Häuser aus flachen Steinplatten gebaut sind. Auch die Dächer sind fast überall aus diesen Schieferähnlichen Platten.

Neben den Wegen sind hier überall kleine Steinmauern errichtet. Sie sind jetzt völlig mit blühenden Kräutern bedeckt. Hier, in diesen fruchtbaren Tälern ist die Natur schon viel weiter, als auf meinem bisherigen Weg. Der Anblick dieser Hügellandschaft, die von den Steinmauern durchzogen wird, erinnert stark an Bilder aus Schottland.

Der Camino verläuft hier in zahlreichen Windungen, umrundet kleine Berge, überzieht Hügel und führt wieder durch schattige, feuchte Täler. Es ist eine Lust, bei schönem Wetter und milder Luft in den Frühling zu wandern. Bald ziehe ich meine Jacke aus und gehe im T-Shirt weiter. Im Dorf *San Cristobal de Real*, führt der Weg immer in rechten Winkeln um die Häuser und Gehöfte herum. Einmal geht es auch unter einer Art Durchgang. Hier ist das erste Dorf, in dem ich die vielen freilaufenden Hunde sehe. Sie sind aber alle sehr friedlich und heben kaum den Kopf als ich an ihnen vorbei laufe. Auf der uralten steinernen Bogenbrücke mache ich Halt und betrachte mir das romantische Dorf und den klaren Bach. Es ist einfach eine Idylle! Die Hühner gackern, zwei Hähne tragen einen Wettstreit aus, Schafe blöken und in der Ferne schreit ein Esel. Und das Rauschen des Baches untermalt diese Natur-Sinfonie. Auf dem nächsten Abschnitt führt der Weg immer am rechten Hang des Bachtales. Hier fühle ich mich stark an das Kirnitzschtal bei Bad Schandau erinnert. Im nächsten Dorf habe ich dann ein Abenteuer mit einem Hund. Am Ende des Dorfes laufe ich ganz in Gedanken einen Anstieg hoch. Aus den

Augenwinkeln sehe ich links, an einem Stein den gelben Pfeil. Fast wäre ich in die falsche Richtung gegangen. Also kehre ich um und laufe die Anhöhe wieder hinab. So gehe ich genau auf ein Haus zu, vor dem einer der Dorfhunde liegt und döst. Gerade, als ich an ihm vorbeigehe, springt er plötzlich auf und bellt mich an! Ich bin so erschrocken, das ich laut rufe: „Was ist denn Los!?" Dann balle ich die linke Hand zur Faust, stoße meinen Pilgerstab kräftig auf den Boden und gehe, ohne den Hund anzusehen, mit kräftigen Schritten weiter. Er rennt eine ganze Weile neben mir her und seine Schnauze ist höchstens 20 cm von meiner Faust entfernt. Irgendwann bleibt er stehen und ich gehe erleichtert weiter. Als das Dorf verschwunden ist und wieder Ruhe herrscht, merke ich wie mir die Knie zittern. Ich setze mich auf das Moos und mache erst mal eine Pause. Der Schreck ist mir ganz schön in die Glieder gefahren.

Nach einiger Zeit komme ich in einem einsamen Tal an einer verlassenen Mühle vorbei. Etwas abseits vom Weg, steht ein kleines Steinhaus. Auf der Zufahrt ist kniehohes Gras gewachsen und der Weg ist an einigen Stellen sehr sumpfig. In der Mühle scheint die Zeit stehen geblieben zu sein. Zwei Mahlwerke aus Holz sind noch vollständig vorhanden, wenn auch völlig von Spinnweben überzogen. Die ganze Einrichtung ist noch da und die Elektrokabel sehen noch genau so aus, wie in den 20er Jahren, als sie verlegt wurden. Ich bleibe eine Weile hier und baue in Gedanken die Mühle wieder auf. Aber dann gehe ich doch weiter. Jetzt muss ich wieder einige steile Hügel hochsteigen und es wird mir doch schon schwer. Nachdem ich eine Autostraße unterquert habe sehe ich aber ein weites Tal vor mir liegen. Der weg führt mich nun bergab, durch einen tief eingeschnittenen Holweg. An der Rechten Seite taucht bald eine sehr hohe Steinmauer auf. Das muss schon die Klostermauer sein. Nach einigen steilen Biegungen habe ich dann endlich einen wunderschönen Blick auf das Kloster San Julian in *Samos*. In einem kleinen, völlig abgeschlossenen Tal liegt mittendrin der Klosterkomplex, umgeben von den Häusern des kleinen Ortes. Die Barocke Klosterkirche ist völlig von den

Gebäuden der Klausur umgeben. An zwei Seiten schließen sich die Klostergärten an. Als ich die ersten Häuser des Ortes erreiche, sehe ich gleich einen Lebensmittelladen. Hier decke ich mich noch mit den Vorräten für heute und Morgen ein. Dann gehe ich durch die Promenaden, die sich entlang des Flusses *Sarria*, gegenüber dem Kloster erstrecken. Der Eingang zur Herberge ist dann in einem Seitengebäude des Klosters, genau neben einer kleinen Tankstelle. Als ich die Herberge betrete, ist Niemand da, bei dem ich mich melden könnte. Als alter Pilgerprofi lasse ich mich nicht irritieren, sondern suche mir erst mal ein Bett. Hier gibt es nur einen riesigen Schlafsaal, mit etwa 50 Doppelstockbetten. Es ist ein lang gestreckter Raum im Erdgeschoss, mit einem hohen Tonnengewölbe. Ich packe aus und gehe erst mal Duschen. Dann schreibe ich meine Personalien in das Herbergsbuch und gehe los, zur Ortsbesichtigung. Es ist jetzt 17.00 Uhr und ein schöner, sonniger Nachmittag. In einer kleinen Bar ruhe ich meine Füße aus, trinke ein Bier und schreibe in meinem Tagebuch. Bei der Rückkehr zum Kloster komme ich am Haupteingang vorbei, doch da wird gerade geschlossen. So kann ich nur den Museumsladen besuchen und kurz einem der Mönche einen guten Abend wünschen. Er würde zwar gerne mit mir reden, aber mein Spanisch reicht dafür leider nicht aus. Zurück in der Herberge sehe ich nun auch noch andere Pilger, von denen ich aber Niemanden kenne. Jetzt kann ich mir auch meinen Stempel geben lassen. Da es immer noch heller Nachmittag ist, gehe ich noch in die andere Richtung bummeln. Ich komme in einen Park, wo unter riesigen Nadelbäumen eine winzige Kapelle steht. Ich lese, dass hier die Behausung eines Einsiedlers war, die *Capilla de Cipres,* Kapelle der Zypresse. Sie ist ein Überbleibsel des frühen Mönchtums, aus dem 9.Jahrhundert. Im Inneren sind noch originale Wandmalereien erhalten, die ich durch ein Fenster sehen kann. Es ist ein romantischer Platz. Doch fleißige Bürger mit riesigen Rasenmähern treiben mich in die Flucht. So gehe ich noch mal in eine andere Bar und vertreibe mir die Zeit mit spanischem Fernsehen. Gegen 20.00 Uhr gehe ich zu Bett und schlafe auch recht gut.

Kloster, Samos   25.04.05
San Julian

24. Tag   26.04.2005

Ich erwache gut erholt und gehe gleich auf den Weg. Das Wetter ist sonnig, aber es ist ein kühler Morgen. An einigen Stellen ist Raureif zu sehen. Zuerst führt der Weg entlang der Straße durch den Ort. Dahinter muss ich etwa zwei Kilometer auf der Straße bleiben. Dann, steil ansteigend geht es von der Straße weg. Nun folgt jedem Anstieg ein ebenso steiler Abstieg. Der Camino ist an vielen Stellen eine kleine Landstraße, welche die hier überall verstreuten Dörfchen miteinander verbindet. Die Landschaft wirkt hier sehr vertraut, fast wie im Muldental. Jetzt da ich alleine gehe, beginne ich jeden Morgen meine persönliche Andacht mit dem Lied „All` Morgen ist ganz frisch und neu, des Herren große Gnad` und Treu Sie hat kein End den langen Tag, darauf man sich verlassen mag." Mir gefällt die alte Melodie, aus dem 16. Jahrhundert. Im Laufen singe und bete ich nach Herzenslust. Ich stelle mir vor wie früher die Pilgergruppen hier ebenso, singend entlang gezogen sind.

Kurz hinter einer alten Steinbrücke steht ein Andachtsbild neben der Straße. Es stellt nicht Jesus oder Maria dar, sondern einen Engel. Er ist ganz anders dargestellt als alle Engel, die ich bisher gesehen habe. Seine kurze, dicke Gestalt wirkt irgendwie gemütlich, ja fast menschlich. Sein Gesicht, mit den großen Augen blickt mich nachdenklich aber auch mit einer tiefen inneren Ruhe an. Ich mache Halt, stelle meinen Rucksack daneben und mache eine Skizze in mein Buch.

Engelsfigur am Wegesrand   26. 04. '06
(Sandstein)

Nach unendlich vielem Auf- und Ab, sehe ich dann endlich die Stadt *Sarria* vor mir in einem breiten Talbecken liegen. Der Pilgerweg führt hier parallel zur Straße. Nach einigen dörflichen Vororten komme ich dann schnell in das Zentrum. In der ersten Bar, die ich sehe, mache ich eine längere Rast. Es ist 12.00 Uhr und so fallen heute Frühstück und Mittagessen zusammen.

Nachdem ich einige Straßenkreuzungen überquere geht es viele, steile Treppen hinauf. Oben, vor der Burg zweigt der Camino nach rechts ab und führt am Kloster der Heiligen Magdalena vorbei. Von hier aus habe ich noch mal einen schönen Blick über die Altstadt und einen großen Teil der letzten Wegkilometer. Gerade eben auf der Höhe angekommen, geht es schon wieder steil nach Unten! Vorbei an einem Friedhof und über eine kleine Bücke geht der Weg nun parallel zu einer Eisenbahnstrecke. Ich überquere die Gleise an einem unbeschrankten Bahnübergang. Kurz vor dem nächsten Berg überhole ich langsam eine jugendliche Gruppe von Pilgerinnen. Mit großen Schritten erklimme ich den nun folgenden obligatorischen Steilanstieg. Ich, als 46 jähriger Mann, in der Blüte meiner Jahre, kann mir doch vor den jungen Mädchen keine Blöße geben! Oben angekommen, völlig außer Atem, werde ich mit einem wunderschönen Weg durch Wiesen belohnt. An der Pilgerherberge von *Barbadelo*, die um diese Zeit geschlossen ist, mache ich Rast und verspeise zwei Orangen. Lachend ziehen die Mädchen vorbei. Nach zwei Kilometern und zwei Dörfer weiter Überhole ich sie wieder, da sie langsamer sind als ich. Hier, auf diesem Hochplateau gibt es wieder größere Waldgebiete. An einigen Stellen überquert der Pilgerweg kleinere Bäche. Hier sind große Steine in den Bachlauf gelegt, auf denen man hinübergehen kann. An einer Stelle, ist der Boden sumpfiges Schwemmland und so ist hier der Steinpfad fast hundert Meter lang. Dann geht es wieder durch einen uralten Eichenwald. Die Landschaft ist hier wirklich sehr abwechslungsreich. Neben den Wegen sind überall Steinmauern aufgeschichtet. Die sind

Meter um Meter perfekte Steingärten. Ich wünsche, ich könnte so ein schön bewachsenes Stück Mauer mit nach Hause nehmen.

Dann kommt ein Abschnitt, wo ich zwischen den Mauern aller 100 Meter hochsteigen und drüben wider runter laufen muss... Da es hier gerade erst geregnet hat, ist der Boden sehr schlammig. Die Kühe, die hier entlang getrieben werden lassen natürlich ihre Fladen fallen. Der Regen schwemmt dann alles in die Senken, wo wegen der Mauern kein Abfluss ist. Also, muss ich da durch. Es ist „gequirlte Scheiße!!!" Langsam, Schritt für Schritt gehe ich hinein. Knöcheltief. Mit meinem Pilgerstab spüre ich den Boden ab. Unter dem Schlamm sind Steine zu spüren. So trete ich von einer Stelle zur nächsten, stütze mich mit dem Stab und arbeite mich langsam voran. In dieser Ausweglosen Situation hat es keinen Sinn nach vorne oder nach hinten zu sehen, sondern hier muss ich ganz in der Gegenwart, ganz im Hier und Jetzt sein. So konzentriere ich mich auf das allernötigste, bewahre die Ruhe und bin schon bald durch. Später am Abend, geht mir erst durch den Kopf, wie gleichnishaft diese Momente auch für das Leben sind. Nach mehreren solchen Abschnitten, komme ich aber auch Zweifel. Zitat aus meinem Tagebuch: „An irgendeinem Punkt denke ich, das die das Zeug extra für die verrückten Pilger hierher geschüttet haben! GOTT muss sich doch krummlachen. Unten im Tal geht die Straße im weiten Bogen vorbei und die Idioten quälen sich wie die Ameisen über die Berge, hoch und runter, auf und ab, den „beschissensten" Weg den es gibt. Die Lehre: Was sonderst du dich so ab von der Herde, geh doch wie die anderen die breite Straße, so kommst du doch auch an das Ziel. Ist das die Lehre? Oder ist das Anfechtung?"

Später komme ich einmal an eine Stelle, da der Camino rechts von der Straße abzweigt. Vom Himmel fällt kalter Schneeregen und es weht ein unangenehmer Wind von vorn. So richtiges Sauwetter! Eben hat mich ein junges Mädchen überholt. Sie trägt einen riesigen Rucksack und scheint auch Blasen zu haben, da sie erkennbar hinkt. Da halt ein Auto und ein älteres Ehepaar bietet ihr eine Mitfahrgelegenheit. Erstaunt sehe ich, wie sie lachend ablehnt! Da denke ich an meine Zweifel und ich sehe es klar vor mir. Das ist MEIN Weg, den habe ich mir selbst ausgesucht. Und so kann ich ihn auch gehen, mit allen Höhen und Tiefen, mit allen guten und schlechten Etappen. Im Weitergehen denke ich noch oft über die Verbindung von Pilgerweg und Lebensweg nach. Ich bin jetzt 47 Jahre alt. Da beginnt man schon mal auf sein bisheriges Leben zurückzublicken und natürlich auch auf den "Rest". Hier wird mir klar, dass ich mich jetzt ungefähr im zweiten Drittel meines Lebens und des Pilgerweges befinde. Vieles habe ich schon gesehen und erlebt. Aber ich bin auch gespannt auf den Rest des Weges. Und ich will ja ankommen! In Santiago ebenso wie in der himmlischen Heimat. Das ist mein Glaube. Ich darf nur nicht vom Weg abkommen, muss immer wieder auf die Pfeile achten, auf die Mitpilger und immer wieder in den Herbergen an mich denken. Neue Kräfte tanken. Und dann weiter. ULTREIA!

Doch dann wird der Weg wieder besser, die Aussicht ist wunderbar und es ist wieder eine Freude, hier zu laufen. Unten, an der Straße würden mich die Autos auch bloß nerven. So erreiche ich nach einem langen Anstieg (!) *Ferreiros*. Hier Oben, auf einem Bergrücken, gleich neben einem Eichenwäldchen stehen drei Häuser. Eins ist die Bar und ein anderes ist die sehr schöne Herberge. Als ich ankomme sitzen zwei Frauen auf der Terrasse in der Sonne. Da sie deutsch reden, gebe ich mich erfreut als Landsmann zu erkennen. Sie freuen sich, dass noch Jemand kommt, denn bis jetzt waren sie hier die Einzigen und der Gedanke an die Nacht hier in dieser Einsamkeit hat sie besorgt. Hier ist eine neu gebaute, sehr saubere Herberge. Nach dem Duschen gehe ich erst mal in die kleine Bar. Sie besteht aus dem Gastraum und einem kleinen Raum, wo man warme Speisen zu sich nehmen kann. Da hier schon zwei Pilger sitzen, setze ich mich auch dazu und bestelle ein Pilgermenü. Als ich später sehe, dass sie sich über den weiteren Weg unterhalten und in ihre Pilgerpässe schauen kann ich nicht anders. Mit einem Schmunzeln zeige ich ihnen meinen Pass, der voller

Stempel ist. Sie sind sichtlich beeindruckt! Da sie Spanier sind und kein Englisch sprechen, können wir uns nur durch Gesten verständigen. Sie schütteln den Kopf und geben mir zu verstehen, dass sie DAS niemals machen würden. In guter Laune verabschieden wir uns. Nachdem ich bezahlt habe, gehe ich noch mal los, um mir die Umgebung anzusehen. Vor der Bar ist ein kleiner Platz, von dem aus die Straße sehr steil bergab führt. Unten sind einige Häuser zu sehen. Ich gehe hinunter und merke, dass hier das eigentliche Dorf ist. Da ich Zeit habe gehe ich auch auf den kleinen Friedhof, auf dem eine Kapelle steht. Wie bin ich überrascht, als ich den Eingang zur Kapelle sehe! Es ist ein wundervolles romanisches Portal, des jeder großen Kirche zur Ehre gereichen würde. Da der Friedhof von sehr hohen Mauern umgeben ist, kann der normale Pilger diesen Schatz nicht sehen. Natürlich habe ich einige Skizzen gemacht. Hier bedauere ich sehr, keine Kamera mitgenommen zu haben. Was für eine Geschichte verbirgt sich hinter diesem Portal? Lange sitze ich auf einem alten Taufbecken vor der Kirche und hänge meinen Gedanken nach. Irgendwann gehe ich wieder hoch zur Bar. Am Abend treffen wir uns dann an dem langen Holztisch. Die zwei Frauen aus Deutschland, Serge und Noelle aus Frankreich, die zu meiner Freude auch hier eingetroffen sind, und zwei Spanier. Es wird ein gesprächiger Abend, denn einige können Englisch, die Franzosen auch noch Spanisch und einer der Spanier kann Deutsch. So geht die Unterhaltung immer im Dreieck.

Aber besonders die Geschichte der jungen Deutschen, die neben mir saß, hat mich beeindruckt. Sie sagt, mit Gott, als männliche Vaterfigur kann sie nicht viel anfangen. Auf ihrer Suche hat sie eine tiefe Beziehung zu Gäa, der Erdmutter, als Bild der Weiblichen Mutterfigur, gefunden. Auf dem Camino hat sie immer wieder, mit ihrem Pilgerstab, Herzen der Liebe zur Erde, in den Boden gemalt. Und dann hält sie mir auf ihrer Handfläche einen Stein entgegen. Er hat eine fast perfekte Herzform. Flach abgeplattet, von den Wassern der Jahrtausende abgeschliffen. Wie lange hat er schon im Boden des Jacobsweges gelegen? Wie viele Pilger sind achtlos darüber gelaufen? Doch er hat genau auf diesen Menschen gewartet. Für Sie ist er da, nur von Ihr konnte er gefunden werden. Das sind die kleinen und großen Wunder, von denen jeder berichtet, der einmal auf dem gepilgert ist.

Der Abend wird dann immer lustiger und lauter, denn wir trinken den guten Rotwein aus dem *Bierzo* und der Spanier entpuppt sich als wahrer Alleinunterhalter. Er berichtet in schlechtem Deutsch von seiner Zeit als er in Deutschland gearbeitet hat. Als er anfängt deutsche Karnevalslieder zu singen, wird es noch lustiger. Jeder kennt noch ein anderes und so singen und lachen wir bis weit nach 22.00 Uhr. Mir reicht es dann aber doch und ich verabschiede mich und gehe in mein Bett.

Terradillos (Die Bar) 26.04.'05

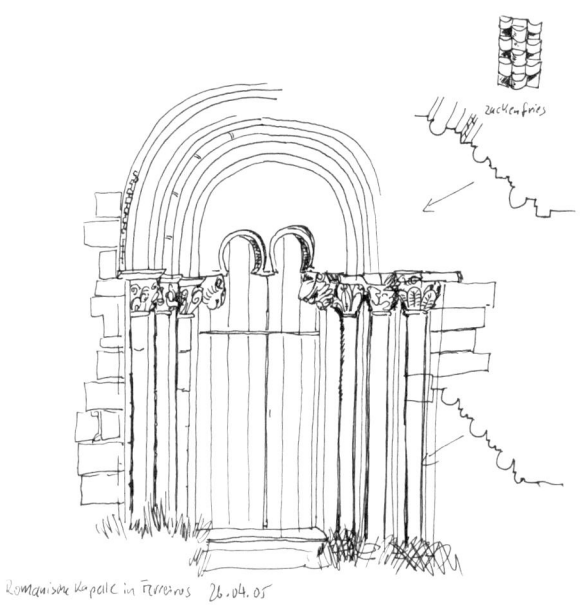

Zuckenfries

Romanische Kapelle in Ferreiros 26.04.05

25. Tag   27.04.2005

Mit guter Laune erwache ich und gehe ohne
Frühstück auf den Weg. Es ist ein schöner, klarer
Morgen, die Sonne scheint und in den Tälern ringsum
ist der Nebel zu sehen. Ich komme noch mal an der
kleinen Kirche vorbei und bemerke, dass sie von der
Straße aus wirklich kaum zu sehen ist. Dann beginnt
wieder das gleiche Spiel wie Gestern. Steile Anstiege,
denen unmittelbar ein steiler Abstieg folgt. Doch die
Schönheiten der Landschaft versöhnen mich heute mit
der Tücke des Weges. Ich gehe heute fast nur auf

kleinen Landstraßen. Da die Gegend hier so fruchtbar ist, komme ich nach jedem Hügel in ein kleines Dorf. Irgendwann bin ich dann aber doch auf einem Höhenzug angelangt. Hier führt der Weg einige Zeit auf dem Kamm entlang. Allerdings ist es asphaltierte Landstraße. Über mir ist blauer Himmel und in den Tälern liegt dichter Nebel. Es ist fast so, als ob ich über den Wolken fliegen würde. Dann fällt die Straße merklich ab. Zuerst nur dunstig, wird die Sicht nun immer kürzer und bald bin ich mitten im Nebel. Ich kann keine zehn Meter weit sehen. Als ich durch Wiesen gehe, bemerke ich, dass sich im Nebel vor mir ein kleiner Regenbogen bildet, der mit mir weiterwandert. Und rings um meinen Schatten auf dem Gras ist ein richtiger Heiligenschein zu sehen. Jeder kleine Wassertropfen glänzt wie ein Diamant. Je tiefer ich nun komme, umso dichter wird der Nebel und umso kälter wird es. Jetzt führt der Weg immer steiler bergab, durch kleine, verschlafene Dörfer. Von weitem höre ich ein Motorengeräusch, das klingt als ob ein Kutter über den Stausee fahren würde. Denn aus meinem Pilgerführer weis ich, dass ich bald den Aufgestauten Fluss *Mino* überquere.

In einem kleinen Dorf geht es noch einmal kurz und steil nach Oben und dann beginnt auch schon die Brücke über den Stausee von *Portomarin.* Heute ist vom See nichts zu sehen. Je weiter ich auf die Brücke gehe, umso dichter wird der Nebel. Ich kann nur das Brückengeländer, rechts neben mir, sehen. Rings um mich ist eine weiße undurchdringliche Watte. Unter der Brücke ist es ebenso. Es könnte hier tausend Meter in die Tiefe gehen, ich kann es nicht sehen. Außer meinen Schritten und dem Klacken des Pilgerstabes sind auch keinerlei Geräusche zu hören. Es ist eine sehr unheimliche Situation. Ich fühle mich völlig einsam und isoliert, ich höre fast nichts, ich sehe fast nichts und ich rieche nichts. Nur die Watteartige Weiße umgibt mich. Sie ist so dicht, das ich nicht einmal mehr die Sonne erkennen kann. Ich denke, so muss der Übergang der Seele in das Jenseits sein.

Dann kommt mir ein Auto entgegen, der Nebel lichtet sich, ich sehe das andere Ufer und der Zauber ist gebrochen. Das ist *Portomarin.* Genau gegenüber der Mündung der Brücke an das Ufer, ist eine lange Treppe, die hoch zur Stadt führt. Da ich schon viel gelaufen bin will ich nicht mit meinem Rucksack die vielen Stufen hinaufsteigen. Also gehe ich auf der Straße in Serpentinen hoch in die Stadt. Sie ist hier in den 30er Jahren neu aufgebaut worden, als der alte Ort in den Fluten des Stausees versank. Links und rechts neben der Straße zum Markt sind die Wege mit schönen Arkaden überbaut. Mitten auf der Plaza steht die Kirche *San Nicolas*, eine romanische Wehrkirche, die fast wie eine Burg wirkt. Sie wurde Stein für Stein abgetragen und hier, am neuen Ort wieder Aufgebaut. An vielen Steinquadern kann man noch die verwaschenen Ziffern der Bauleute sehen. Ich umrunde diesen beeindruckenden Bau und gehe dann in eine kleine Bar, um zu Frühstücken. Es gibt *Tee con Leche*, frisch gepressten Orangensaft und den Rest *Bocadillo*, von Gestern. Danach gehe ich wieder zurück zur Brücke und dann rechts, überquere einen Nebenarm des Stausees und steige dann auf schönen Waldwegen in die Höhe. Oben scheint die Sonne so stark, dass ich wieder kurze Hosen und T-Shirt anziehe. Kurze Zeit später treffe ich ein Ehepaar aus Hamburg, die mich ansprechen, da auch sie an meinem " *Buenos dias*", den Sachsen erkannten. Wir laufen eine Weile zusammen, unterhalten uns und als sie sich auch umziehen wollen, wünsche ich ihnen „*Ultreia*" und gehe fröhlich weiter. Jetzt steigt der Weg auf den nächsten 8 Km stetig an. Hier ist viel Nadelwald, unterbrochen von kleinen Dörfern mit Wiesen und Weiden. Die Sonne brennt so stark, das ich Sonnenschutzcreme benutzen muss. Ich lasse mir Zeit und genieße das Laufen auf schattigen Waldwegen. Dann erreiche ich gegen 13.00 Uhr *Hospital da Cruz.* Das ist ein kleines Dorf, auf der Passhöhe. Einige der typischen Steinhäuser, ein steiniger Weg und schon ist man durch. Kurz hinter dem Ort sind zwei weiter Häuser. Das erste ist ein *Restaurante* und hundert Meter weiter ist die Herberge. Hier will ich für heute bleiben. Ich melde mich an und gehe in das Obergeschoss, wo der Schlafsaal ist. Alles ist neu und sauber. Ich belege ein Bett in der Ecke und gehe erst mal Duschen. Danach wasche ich meine Wäsche in großen Becken, die im Freien, im Garten der Herberge angebracht sind. Es gibt nur kaltes Wasser, aber bei der Hitze ist das nun wirklich kein Problem. Dann hänge ich meine Sachen über den Zaun, da die einzige Leine schon belegt ist. So, nun habe ich Hunger, also gehe ich hinüber in das Restaurant. Im *Comedor*, das ist der Speiseraum, sitzen schon einige Gäste, darunter auch einige Pilger. Ich bestelle ein Pilgermenü und mache es mir gemütlich. Nach dem Essen hole ich meine Isomatte und gehe in den Wald. Ich suche mir eine schöne Stelle und mache ein Mittagsschläfchen. Ich habe mich entschieden, heute einen Tag Urlaub zu machen. Morgen habe ich mir eine längere Strecke vorgenommen, da kann ich heute mal kürzer treten. Irgendwann gehe ich zurück, um nach meiner Wäsche zu sehen. Inzwischen ist ein böiger Wind aufgekommen und hat meine Sachen fast alle vom Zaun geweht. Also hänge ich alles noch mal auf und dann schlendere ich noch mal zum Restaurant. Ich hole mir ein Eis und eine Cola(!) und setze mich auf die Terrasse. Von hier aus habe ich einen schönen Weitblick auf die umgebenden Berge. Das ist hier ein Mittelgebirge und der Blick erinnert an die Gegend um den Fichtelberg. Auf der Terrasse treffe ich auch Serge und Marie, das französische Ehepaar. Auch sie machen hier Rast, da Marie große Probleme mit ihren Blasen hat. Ich mache eine Skizze von den Beiden.

Ich mache noch einen Spaziergang in die nähere Umgebung. Es ist jetzt unerträglich heiß und windstill. Ich bin froh, dass ich diese Hitze nicht in der Meseta hatte! Dann gehe ich wieder in das Restaurant, um Abendbrot zu essen. Später gönne ich mir noch ein Bier auf der Terrasse. Dann lege ich mich früh zu Bett, den Morgen habe ich viel vor.

Hospital le Cm 27.04. 05   Serge et Marie Noelle
                                            de FRANCE

Albergue in Hospital del Cruz 27.04.'05

26. Tag   28.04.2005

Heute bin ich schon sehr früh munter, da in der
Nacht alle Fenster geschlossen waren. Es war also
sehr heiß im Raum und so habe ich unruhig
geschlafen. Außerdem war das Bett zu kurz. Also gehe
ich 7.20 los. Draußen ist es herrlich, wolkenloser
Himmel und klare Luft! Nach einem kurzen Stück auf
der Schnellstraße, geht der Pilgerweg auf einer
Landstraße weiter. Die Sonne beginnt gerade über den
Bergen aufzugehen und es ist noch frostig. Aber der
Himmel strahlt in so einem besonderen Blau, wie ich es
bisher noch nie gesehen habe! Die Straße führt meist
durch Wald und windet sich immer höher. Oben, kurz
vor dem Gipfel bietet sich mir ein wunderschöner
Anblick. In den Tälern liegt noch dichter Nebel, und die
Ginster- und Erikasträucher sind noch mit Raureif
bedeckt, der in der aufgehenden Sonne glänzt wie

Millionen kleiner Diamanten. Es ist ein schönes Laufen, auf einem Höhenweg, immer wieder durch Nadelwald und Schonungen. Auch hier werde ich unwillkürlich an den Thüringer Wald erinnert.

Kurz vor dem Ort *Ligonde* holt mich ein Mitpilger ein. Es ist ein Spanier, der ganz gut Englisch spricht. Wir laufen eine Zeitlang zusammen durch den beginnenden Morgen. Er macht mich auf ein besonderes Denkmal aufmerksam. Links vom Weg, etwas abseits, steht ein mittelalterliches Pilgerkreuz, neben einer sehr dicken Eiche. Er macht viele Fotos und versucht mir die Legende zu erklären, die mit diesem Baum verbunden ist, aber ich kann es leider nicht richtig verstehen. Da in *Ligonde* keine Bar ist, müssen wir unseren Hunger bis zum nächsten Ort vertagen. Hier gibt es aber auch keine Bar, also weiter. Im nächsten Ort biegen wir dann zuerst falsch ab. Am Friedhof vorbei, gehen wir genau auf einen Hof zu. Dort liegen drei Hunde im Schatten. Als sie uns jedoch näher kommen sehen, bellen sie immer lauter und aufgeregter. Wir betrachten das als Warnung und kehren lieber wieder um. Und tatsächlich, als wir wieder an die Straße kommen, sehen wir an einem Baum den gelben Pfeil, den wir vorhin übersehen hatten. Nach einem kurzen, steilen Anstieg sehen wir dann rechts endlich eine Bar, die geöffnet hat. Hier ruhe ich mich aus und mache Frühstück mit *Cafe con Leche* und zwei *Margaritas*. In der Bar sind noch einige Pilger, die, ebenso wie wir, hier ihre Frühstücksrast halten. Da mein spanischer Wandergefährte in ein Gespräch vertieft ist, gehe ich nun wieder allein weiter. Die Landschaft ist sehr fruchtbares Hügelland. Überall sind kleine Dörfer, mit höchstens zehn Häusern, in den Tälcrn verteilt. Die Natur ist von einem unglaublichen Grün und überall fließen kleine Bäche. Ich sehe auch viele Rinder und Schafe. Die Häuser, mit ihren dicken, unverputzten Steinwänden und den flachen, mit Steinplatten gedeckten Dächern sind nahezu unverwüstlich. So müssen die Bewohner für ihre meist dreihundert Jahre alten Häuser eigentlich nicht viel aufwenden. Dennoch ist hier eine arme Gegend. In einigen Höfen sehe ich Frauen in einer Wanne Wäsche waschen, und sie mit einem Gartenschlauch spülen. Und sicher wird es selten Wasserleitungen geben. Viele Häuser stehen leer und oft denke ich, wie schön es wäre, solch einen Hof als Ferienhaus zu kaufen. Dann geht der Weg an vielen Stellen durch die so genannten *Corredoiras*, das sind mit Feldsteinen gepflasterte Wege, die von niedrigen Steinmauern eingesäumt sind. Mein Pilgerführer schreibt, dass diese Wege schon zu Zeiten der Römer bestanden haben. Diesen schmalen, meist sehr verwinkelt verlaufenden Wegen, werde ich nun öfter begegnen. Es ist zwar schön, nicht durch den Schlamm waten zu müssen, aber das Laufen über die Felsbrocken, die zur Pflasterung dienten, ist auch sehr anstrengend.

Auf schönen Waldwegen, vorbei an einem großen Ferienkomplex, komme ich nun in die Kleinstadt *Palas de Rei*. Hier führt der Pilgerweg, immer den gelben Pfeilen folgend mitten durch den Ort. In einem kleinen Geschäft kaufe ich mir Lebensmittel. Am Ortsausgang geht es dann einige Zeit an einer Straße entlang, ich umgehe eine Tankstelle, laufe hinter einigen Gärten vorbei und sehe hier zum ersten mal wieder die Eukalyptusbäume. Sie werden hier, in diesem Teil Galiziens, als schnell wachsendes Holz für die Papierindustrie angepflanzt. Leider in Monokultur, was den Nachteil hat, das diese Bäume viele einheimische Pflanzenarten verdrängen und den hier lebenden Tieren kaum Lebensraum bieten. Außerdem schält sich die Rinde immer wieder in lange, papierdünne Streifen ab. Diese bedecken Knöchelhoch den Waldboden. Wenn es dann einen trockenen Sommer gibt, brennt das alles natürlich wie Zunder. An einer Raststelle, neben der Straße mache ich es mir gemütlich und esse zu Mittag. Es gibt ein drittel Baguette, eine halbe *Chorizo*, einen Apfel und eine Orange. Dazu klares Wasser. Zwei Frauen überholen mich und wir grüßen uns mit dem Pilgergruß. Gesättigt, gehe ich bei schönstem Sonnenschein weiter. Zuerst bergab und dann wieder steil bergauf. Ich habe noch etwa 15 Km bis nach *Melide*, mein heutiges Etappenziel. Das Auf und Ab geht nun immer so weiter. Irgendwann überhole ich die beiden Frauen, die nun auch eine Rast machen. Ich komme wieder durch viele kleine Orte. Hier sehe ich immer wieder die *Horreos*. Das sind, für die Gegend typische, Getreidespeicher. Sie stehen auf hohen, steinernen Füßen, auf denen waagerecht große Steinplatten liegen. Das soll verhindern, dass Mäuse und anderes Ungeziefer eindringen können. In ihnen wird hauptsächlich Mais eingelagert. Die Seitenwände sind mit langen Schlitzen versehen, damit die Luft ungehindert zirkulieren kann. Die Wände sind meist aus Steinplatten, ebenso die Dächer.

Vor *Melide* wird es dann flacher und die ersten Industriebauten sind zu sehen. Der Pilgerweg halt sich jetzt von der Straße entfernt und geht durch Vororte, gleichsam durch die Hinterhöfe. Meine Füße schmerzen mir nun doch und so bin ich froh, als ich die Hauptstraße und somit das Stadtgebiet erreiche. Nach einem langen Anstieg, durch Staub und Autolärm überquere ich eine große *Plaza* und gelange durch einige Seitenstraßen zur Herberge. Auch hier ist keine Betreuerin anwesend. Nach einigem Warten suche ich mir im ersten Stock ein freies Bett. Die Herberge ist fast voll belegt. In allen Zimmern sind die Sachen der Pilger noch auf den Betten, was bedeutet, das sie hier zwei Nächte verbringen. Nach dem Duschen und Umziehen gebe ich mir selbst meinen Stempel. Die beiden Frauen, die ich überholt habe, sind nun auch da und sehr verunsichert, ob sie denn einfach so in die Herberge dürfen. Ich rede ihnen gut zu und ein dazugekommener Spanischer Pilger rät ihnen dasselbe. Das Haus ist nun voller Jugendlicher, die Lachen und viel Lärm veranstalten. Mir ist der Trubel zu viel und so gehe ich noch in die Stadt, zu einem Rundgang. Ich fühle mich jetzt sehr einsam. In der Herberge war ich der einzige Deutsche, was ich im Anmeldebuch sehen konnte. Unter den jungen Leuten fühlte ich mich erst recht als Außenseiter. In einer kleinen Kirche, in die ich mich gesetzt habe, bitte ich Jesus, mir doch in meiner Einsamkeit zu helfen. Ich wünsche mir, dass ich den Nachmittag irgendwie herumkriege. Dann beschließe ich zu sehen ob es irgendwo ein Kino gibt. Lieber sehe ich mir einen Film in Spanisch an, als nur gelangweilt in einer Bar zu sitzen. Mit diesen Gedanken verlasse ich die Kirche. Als ich dann die Geschäftsstraße entlang gehe, höre ich plötzlich einen Ruf: "Hallo Don Manuel!" Ich drehe mich um und da steht Bernd! Er hat mich von einer Bar aus vorbeigehen sehen. Freudig umarmen wir uns und sind beide hocherfreut über das unerwartete Wiedersehen. Das ist das **Berndwunder**.

Wir setzen uns in die Bar und begießen unser Treffen mit einem Cognac. Jetzt gibt es natürlich viel zu erzählen und an Langeweile ist nicht zu denken. Da Bernd auf dem *O Cebreiro* einen Ort weiter lief, war er mir jedes Mal um einige Kilometer voraus. Wie verglichen unsere Etappen und Erlebnisse. In *Triacastela* trennten sich unsere Wege dann endgültig, denn ich ging ja nach links in Richtung *Samos* und Bernd ging nach rechts, in Richtung *Calvor*. Später machen wir gemeinsam einen Bummel durch die Stadt und besorgen uns noch Lebensmittel für die nächsten Tage. Vor der Herberge ist inzwischen eine Familie mit zwei Mädchen und einem Esel angekommen. Das ist natürlich sehenswert! Der Esel ist sehr geduldig und lässt die Mädchen auf sich spielen. Nur als er sich genussvoll an einem kleinen Bäumchen reibt, das sich unter dieser Liebkosung fast bis zum Boden biegt, muss er in eine andere Ecke gebracht werden. Wir erfahren, dass die Familie aus Kanada kommt und das älteste Mädchen, die etwa zehn Jahre alt ist, für die Zeit des Pilgerns aus der Schule genommen hat. Den Kindern scheint das Abenteuer gut zu bekommen. Sie spielen ausgelassen und haben auch keine Scheu vor den vielen Fremden. Dann gehen wir noch mal zu unserer Bar, setzen uns in den Sonnenuntergang und beschließen den Tag mit einer Flasche Rotwein.

27. Tag   29.04.2005

Ich habe schlecht geschlafen, da mein Bett zu kurz war und die Jugendlichen bis nach 23.00 Uhr gelärmt haben. Nachdem ich meinen Rucksack gepackt habe nehme ich meinen Pilgerstab und gehe hinunter zu Bernd. Er ist auch schon fertig. Wir setzen uns in die Küche und machen Frühstück. Es gibt für jeden einen halben Liter Milch, ich esse ein drittel Baguette, etwas *Chorizo* und Käse. Als Nachtisch esse ich noch eine Orange. Würde ich mich Zuhause immer so ernähren, wäre ich bestimmt einige Kilo leichter! Nachdem wir unsere Teller und Tassen abgewaschen haben gehen wir los. Wir wollen heute nur eine kurze Etappe laufen, also etwa 15 Km bis *Arzua.* Das Wetter wird wieder schön. Am Himmel sind nur einige Schleierwolken, aber den Morgen ist empfindlich kühl. Am Ortsausgang gehen wir am Friedhof vorbei und dann eine sehr steile Straße hinab. Dann geht es durch ein schönes Flusstal und bald über eine uralte Steinbrücke mit einem Pilgerkreuz daneben. Der Weg steigt dann allmählich wieder an. Auch heute bleibt uns das ständige Auf und Ab nicht erspart. Gegen 10.00 Uhr ziehe ich meine Jacke aus, denn es ist wieder sehr warm geworden. An einer Stelle gehen wir durch einen tief eingeschnittenen Hohlweg. Links und rechts sind die Wände aus weichem Sandstein und Lehm, etwa drei Meter hoch. Der Weg wird von Uralten Eichen überdacht und es herrscht ein angenehmes Dämmerlicht. Ich sage zu Bernd, dass ich denke, dieser Einschnitt wurde in den Jahrhunderten von den unzähligen Füßen der Pilger, Esel und Pferde in den Boden hinein getreten. Das ist Geschichte pur! Als der

171

heilige Franziskus hier entlang lief, war hier vielleicht nur eine knietiefe Rinne. Mit solchen Überlegungen unterhalten wir uns noch eine Zeit Lang. Dann kommen wir wieder auf die Straße und erreichen so *Arzua*. Die Stadt ist nicht sehenswert, nur Laden an Laden und viele Autos. Da es Mittag ist gehen wir in eine Bar, die direkt am Weg liegt. Wir wollen Salat essen. Bernd möchte endlich mal wieder Zwiebel dazu haben. Denn in Spanien haben wir bisher keine Zwiebel zum Salat bekommen. Also holt er wieder sein berühmtes Bilderbuch heraus und zeigt der Bedienung, was er haben möchte. Als sie merkt was er will, spricht sie uns in gutem Deutsch an. Sie hat viele Jahre in Deutschland in Restaurants gearbeitet. Die Deutschen wollen immer Zwiebeln zum Salat. Daran hat sie uns erkannt! Wir unterhalten uns gut mit ihr und essen schön zu Mittag. Jetzt treffen wir eine folgenschwere Entscheidung. Eigentlich wollen wir ja hier in die Herberge gehen. Aber es ist erst 13.00 Uhr und wir könnten noch weiter gehen. Da ich mich gestern so unwohl gefühlt hatte, will ich heute lieber noch etwas weiter laufen. Nach einigem hin und her willigt Bernd ein, noch bis zur nächsten Herberge weiter zu gehen. Auf dem Weg bis hierher haben wir in fast jedem Dorf private Unterkünfte gesehen. Also wollen wir soweit gehen, bis wir keine Lust mehr haben und dann in die Unterkunft gehen. Das ist der Plan- doch leider sollte es anders kommen. Mit frischem Mut brechen wir auf. Hinter der Stadt ist es nur noch wenig hügelig und es gibt kaum Bäume. In der prallen Mittagssonne macht das Gehen nun doch mehr Mühe als gedacht. Wir gehen durch viele Dörfer, es wird immer heißer, der Weg wird immer länger und es gibt weder Herberge noch Bar. In *Calle*, nach etwa 10 Km sehen wir die erste Bar. Erschöpft setzen wir uns in den Schatten und halten eine lange Rast. Die Wirtin kann uns auch keine Herberge nennen und so müssen wir wohl oder übel weitergehen. Bei der Hitze quälen wir uns nun Kilometer um Kilometer, von Dorf zu Dorf, ohne eine Herberge zu finden. An einer Bar rasten wir noch mal im Schatten. Hier kommen auch Marie und Serge angeschlichen. Marie hat immer noch Probleme mit Blasen an den Füßen. Sie setzen sich zu uns und wir studieren noch mal unsere Karten und den Pilgerführer. Wir wollen noch etwa 5 Km bis *Santa Irene* laufen. Da gibt es eine Herberge. Also verabschieden wir uns und gehen wieder auf den Weg. Ab hier wird es glücklicherweise schattiger, da wir nun meist durch Eukayptus-Wald gehen. Im nächsten Ort werben Schilder für zwei private Herbergen. Natürlich schauen wir da rein. Aber die Preise sind so fürstlich, das wir enttäuscht weitergehen. Nach einigen Anstiegen erreichen wir auf einer Anhöhe den kleinen Ort *Santa Irene.* Die wenigen Häuser liegen weit verteilt, entlang der N 547. Wir kommen an einer Gaststätte vorbei, überqueren die Straße und gehen dann durch dichten, dunklen Eukalyptuswald. Große und kleine Bäume stehen hier so eng beieinander, dass fast kein Licht den Boden erreicht. Es riecht irgendwie muffig, aber überhaupt nicht nach Eukalyptus. Auch die Blätter, von denen ich einige zerreibe, riechen nicht. Am Ortsausgang ist eine Herberge. Aber sie ist noch geschlossen. Da es hier auch weit und breit keine Einkaufsmöglichkeit gibt, entschließen wir uns doch dazu, noch bis zum nächsten Ort zu laufen.

Wir überqueren die Straße wider, tauchen erneut in den Wald ein und passieren ein altes Sägewerk. Dann müssen wir erneut auf der Landstraße, in praller Sonne weiterlaufen. Endlich erreichen wir den Ort *Pedrouzo.* Nach einem langen Anstieg auf der Straße, wären wir fast an der Herberge vorbei gelaufen. Sie ist links, unterhalb der Straße und wir sehen sie nur, weil einige Pilger, die uns entgegenkommen, die Treppen hinunter gehen. Also machen wir es ebenso und erreichen erschöpft unser heutiges Ziel. Das Haus ist fast vollständig belegt, aber wir bekommen noch zwei Betten. Hier muss ich mal wieder Oben schlafen. Aber ich bin so froh, dass wir angekommen sind, dass mir jetzt alles egal ist. Ich dusche ausgiebig und fühle mich dann schon wieder wohler. Die Sauberkeit in dieser Herberge war auch sehr mangelhaft. An dieser Stelle will ich mal einige Bemerkungen zur Hygiene auf dem Camino machen. Gerade hier, in dieser Herberge waren die Toiletten sehr verdreckt. Das Problem sind natürlich die Pilger, besonders die männlichen. Es gibt

nichts Ekelhafteres, als eine, von „Stehpinklern"
vollgepisste Toilettenbrille vorzufinden! Die
Hospitaleras machen ihre Arbeit ja ehrenamtlich und
das meist noch nachmittags, nach Dienst oder
nachdem die eigene Familie versorgt ist. So ist also
niemals Hotelsauberkeit anzutreffen. Wer also zu eklig
veranlagt ist, der sei hier gewarnt. Mann oder Frau
muss schon so einiges ertragen könne. Vor allem, da es
in vielen Herbergen nur eine Toilette für alle gibt. Auch
das Schlafen ist so eine Sache. Meist findet man
Doppelstockbetten mit einer Matratze vor. Selten gibt
es Kissen und dann sind sie nicht bezogen. Es
empfiehlt sich also, einen so genannten
Jugendherbergsschlafsack zu benutzen. Das ist ein
Schlafsack aus dünnem Bettbezugsstoff. So hat man
wenigstens etwas Privatsphäre um sich herum.

Nachdem wir ausgepackt haben gehen wir noch in den
Supermercado, gleich nebenan. Wir kaufen
Lebensmittel und dann setzen wir uns gemütlich an
einen Tisch im Freien und erholen uns bei einem Eis.
In der Herberge ist ein sehr großer Speisesaal, wo wir
am Abend ein schönes Abendbrot essen und uns eine
Flasche Rotwein teilen. (*Vina de Val*) Dann legen wir
uns zeitig schlafen.

28. Tag   30.04.2005

Nun ist es tatsächlich so weit, heute ist unser letzter
Pilgertag. Schon in aller Herrgottsfrühe herrscht
hier allgemeine Aufbruchstimmung. Vor unserem
Fenster singt eine katholische Pilgergruppe einen
schönen Choral. Sie wollen 12.00 Uhr zur Messe im

Dom von Santiago sein. Wir warten, bis die meisten Pilger aufgebrochen sind und packen dann in Ruhe unsere Rucksäcke. Dann machen wir noch gemütlich Frühstück. Den Rest unserer Milch stellen wir in den Kühlschrank. Die Küche hier, ist wirklich sonderbar. Der große Raum ist ringsum mit tollen Küchenmöbeln ausgestattet und in der Mitte steht ein großer, moderner Herd mit Edelstahl- Dunstabzugshaube. Aber ansonsten ist alles leer. Es gibt etwa Acht verschiedene Tassen, drei Teller und einiges Besteck. Ich kann mir das nur so erklären, dass die ganzen Möbel von einem Unternehmer gespendet wurden. Aber für Geschirr war dann kein Geld mehr da.

Gegen 8.00 Uhr machen wir uns dann auf den Weg. Es ist ein kühler Morgen und etwas neblig. Kurz hinter dem Ort gehen wir wieder durch Eukalyptuswald. An einigen gefällten Baumstämmen sehen wir, wie das Holz von Tiefen Trocknungsrissen durchzogen wird. Es ist sicher kein gutes Bauholz. Nach einem steilen Abstieg, überqueren wir die Nationalstraße und steigen genau so steil wieder hoch. Heute ist es wie an den vergangenen Tagen, ständig geht es auf und ab. Nachdem wir zwei kleine Dörfer durchwandert haben, kommen wir dem Flughafen von *Santiago de Compostella*, immer näher. Er kündigt sich schon seit einiger zeit durch das Dröhnen der startenden Maschinen an. Nach einigen sehr steilen, kräftezehrenden Anstiegen, erreichen wir die Hochebene, auf welcher der Flugplatz liegt. Während wir durch den Wald laufen, fliegt ein startendes Flugzeug über unsere Köpfe. Ich kann es aber nicht sehen, da der Nebel hier oben sehr dicht ist. Der Pilgerweg umrundet das weitläufige Gelände und wir müssen nun einige Zeit neben der Autobahn laufen. Dann gehen wir unter einem riesigen Gerüst hindurch, auf dem Landelichter und Sendeanlagen stationiert sind. Nachdem sich der Weg wieder nach links wendet, verlassen wir diese, völlig verbaute Landschaft und steigen einen sanften Hügel hinab, der uns durch das Dorf *San Paio* führt. Nun steigen wir wieder steil eine kleine Landstraße hinauf. Dabei überholen wir die Pfadfinderinnen aus Italien, die wir schon einmal getroffen hatten. Oben geht der Weg durch schönen

Mischwald und hier werden wir wieder von den Mädchen überholt. Dann geht es durch weite Wiesen, hinunter nach *Labacolla.* Das war ein wichtiger Ort für die Pilger in den früheren Zeiten. Die kleine Stadt liegt an einem Flüsschen gleichen Namens. Hier war allen Pilgern eine gründliche Waschung ihres Körpers und ihrer Kleidung vorgeschrieben. Sie sollten nicht nur mit reiner Seele, sondern auch mit reinem Körper in der heiligen Stadt Einzug halten. Das Waschritual war so wichtig, das es im Codex Callixtinus, dem mittelalterlichen Pilgerführer des 12. Jahrhunderts, ausführlich beschrieben wurde. „Lavacolla" kommt von *lavar,* für waschen und *cola,* heißt schwarz. Man kann sich also leicht vorstellen, wie das klare Wasser nach der Waschstelle ausgesehen haben muss! In der Ortsmitte sind wir kurz im Unklaren, wie es weitergeht, da wir keine gelben Pfeile mehr sehen. Links auf den Treppen zur Kirche sitzt eine italienische Pfadfindergruppe. Sie rasten hier und so gehen wir erst mal hinunter in den Ort. Hier ist eine kleine Bar und an ihrer Außenseite sehe ich auch wieder den gelben Pfeil. Wir machen hier noch mal eine längere Rast. Bernd kann noch mal seine Füße „Restaurieren". Dann folgen wir wieder den Pfeilen und gelangen auf verschlungenen Wegen, am Ortsausgang an den berühmten Bach. Eine neue, hölzerne Brücke führt darüber. Ich steige die kleine Böschung hinab und halte meine Hände in das Wasser, mit dem ich mir das Gesicht wasche. Dann gehen wir über die neue Holzbrücke und steigen wieder hoch auf den nächsten Hügel. Auf jeder Anhöhe suchen wir nun den Horizont ab, um einen Blick auf den *Monte do Gozo,* zu erhaschen. Doch bis dahin müssen wir noch einige Hügel auf und ab klettern. Die Sonne scheint inzwischen schon so stark wie gestern und so gehe ich wieder mit kurzen Hosen und T-Shirt. Nach einiger Zeit kommen wir an den Sendeanlagen des galizischen Fernsehens vorbei. Jetzt kann es nicht mehr weit sein. Wir gehen durch das Dorf *Villamajor* und an seinem Ende, ist links eine kleine Baumgruppe zu sehen. Davor ist ein künstlich aufgeschütteter Erdhügel, auf dem ein klotziges, an sowjetische Monumente erinnerndes, Denkmal errichtet wurde. Das ist nun der berühmte

Monte do Gozo. Das bedeutet „Berg der Freude". Hier knieten die Pilger nieder und priesen Gott, da sie von hier aus endlich das langersehnte Ziel, *Santiago de Compostella*, sehen konnten. Wir ignorieren das Bauwerk und die vielen Jugendgruppen, welche sich dort gegenseitig fotografieren. Auf einer kleinen Mauer, am Wegesrand setzen wir uns nieder, essen jeder einen Apfel und blicken die Straße hinab. Da sieht man mehre Kräne, zwischen Hochhäusern und ein unendliches Häusermeer. Das Gebraus der Großstadt dringt leise zu uns her. Es ist irgendwie enttäuschend. So gehen wir schweigend weiter. Vorbei an einem riesigen Hotel und Herbergsbereich, in dem die Pilgermassen untergebracht werden. Dann tauchen wir ein in das Brausende Leben der Großstadt. Wir überqueren die Autobahn auf einer Brücke und laufen entlang einer stark befahrenen Straße, immer weiter in Richtung Zentrum. Vorbei an Hochhäusern, Kliniken, Bürokomplexen kommen wir in dicht bebaute Vororte. Nachdem wir eine große Kreuzung überquert haben, beginnt langsam die Altstadt. Jetzt werde ich doch immer aufgeregter. Wir gehen nun durch immer engere Straßen, mit immer kleineren, älteren Häusern. Ich werde oft von eiligen Passanten angerempelt und bin innerlich enttäuscht, dass ich als Pilger überhaupt keine Beachtung finde. Mitten in einer Straße ist es dann plötzlich soweit, genau vor uns sehen wir die Türme der Kathedrale. Das ist nun das Ziel. Ich rufe laut: HALLELUJA!!! Jetzt bin ich wirklich in *Santiago de Compostella*!

Wir beschleunigen unsere Schritte und dann liegt die Kathedrale direkt vor uns. Bernd und ich hatten uns schon vorher abgesprochen, das wir als Pilger, also mit Rucksack und Stab, dreckig und verschwitzt direkt in die Kathedrale gehen wollen. So wird es nun auch. Mit einem ergriffenen Gefühl betrete ich die Kirche. Im Halbdunkel drängen wir uns durch die vielen Touristengruppen, denn wir wollen ja zu der berühmten Säule. Doch da steht eine endlose Menschenschlange. Das ist mir dann doch zu viel. Sechshundert Kilometer zu Fuß, durch Wind und Wetter und nun sollen wir Pilger erschöpft und durstig, in einer Schlange mit wohlriechenden alten Damen stehen! Nein, das haben wir nicht nötig. Wir verlassen die Kirche durch das große Portal und gehen die Treppen hinunter, auf den großen Platz. Hier verschwinden wir in dem Getümmel aus Touristen und Einheimischen. Wir sehen auch einige Trachtengruppen und eine Blaskapelle. Doch das ist alles nichts für uns. Wir suchen jetzt den Weg zum Pilgerbüro. Hier, in einem würdigen, alten Stadtpalast, steigen wir in den ersten Stock. Wir stellen unsere Rucksäcke in die Ecke und reihen uns in die Schlange der wartenden Pilger ein. Dann geht es doch schneller als gedacht. In dem großen Raum sind Theken wie in einem Fahrkartenschalter. Dahinter sitzen fünf junge Leute, ich denke es sind Studentinnen, die alle Formalitäten erledigen. Wir haben Glück und kommen zu einer, die gut deutsch spricht. Sie will wissen, wo wir begonnen haben. Bernd sagt in *Saint Jan Pied de Port*. Nach einem kleinen Überlegen sage ich das auch, denn ich bin ja 2003 ebenfalls dort losgelaufen. Nachdem sie noch die Namen und das Geburtsdatum registriert hat, füllt sie uns die *Compostella*, die Urkunde aus. In früheren Zeiten diente sie als Beweis, dass man den Pilgerweg tatsächlich zurückgelegt hatte. War der Pilger aufgrund einer schweren Verfehlung zum Gang nach Santiago verurteilt worden, so hielt er damit seine Begnadigung in den Händen! Wir rollen sie vorsichtig zusammen, schultern unsere Rucksäcke und gehen wieder nach Unten. Gleich gegenüber dem Pilgerbüro ist ein kleiner Papierwarenladen. Hier kaufen wir uns eine Papphülle für die Urkunde. Gleich an der nächsten Ecke sehen wir eine Bar. Hier setzen wir uns nun gemütlich auf die Gasse, bestellen ein großes Bier und strecken unsere Beine aus.

Jetzt sind wir schlagartig keine Pilger mehr. Nun sind wir Touristen, wie alle anderen auch. Ich kann das alles noch gar nicht richtig einordnen. Nach einiger Zeit wollen wir uns auf die Suche nach einer Unterkunft machen, da wir im Pilgerbüro gehört haben, dass die Herberge wegen Bauarbeiten geschlossen ist. Bernd bleibt bei den Rucksäcken und ich gehe auf die Suche. An jedem fünften Haus steht hier ein Schild mit der Aufschrift *Camas* (Zimmer) oder *Pension*. Doch leider ist entweder geschlossen, es ist schon voll oder viel zu teuer. Enttäuscht komme ich zu Bernd zurück. Wir wollen nun woanders unser Glück versuchen. Da spricht uns eine ältere Frau an. Ich verstehe, dass sie uns ein Zimmer anbietet. Ich frage sie nach dem Preis, sie will 30,00€ pro Nacht. Nach kurzer Besprechung finden wir das zu teuer. Wir gehen weiter, doch wir haben kein Glück. Dann sind wir auf dem großen Platz vor der Kathedrale. Es ist die *Plaza do Obradoiro.* Hier ist ein Stein in den Boden eingelassen. Wir können den spanischen Text nicht entziffern, aber mein Pilgerführer meint, das sei der Kilometer Null. Es ist Sitte, das alle Pilger hier ihren Fuß darauf Stellen, als endgültigen, sichtbaren Abschluss ihres Pilgerweges. Natürlich machen wir das auch. Bernd macht ein Foto von diesem denkwürdigen Augenblick. Auf der *Plaza* ist immer noch viel los, Reisegruppen, Trachtengruppen, ein Blasorchester, Souvenirstände und Straßenmusikanten sorgen für ein durcheinander von Bildern und Tönen. Wir gehen langsam durch das Gedränge. Da werden wir erneut von einer älteren Dame angesprochen. Sie hat uns ein Zimmer für 15,00 € pro Nacht zu bieten. Später stellt sich heraus, das sie meinte pro Nacht und pro Person. Wir sagen erfreut zu und sollen ihr folgen. Sie führt uns an der Kathedrale vorbei, über breite Freitreppen, durch dunkle Gassen und verwinkelte Straßen. Wir haben zu tun, mit ihr Schritt zu halten. Dann sind wir in der *Rua de Hospital.* In einem alten Haus geht es hoch in den ersten Stock. In der Wohnung ist ein langer Korridor, von dem viele Türen abgehen. Ein Teil ist ihre Privatwohnung, der Rest der Zimmer wird an Pilger vermietet. Wir bekommen ein sauberes Zimmer mit zwei Betten, einem Schrank zwei Stühlen und einem kleinen Tisch. Alles sehr einfach, aber nach den vielen Herbergen, freue ich mich doch, endlich mal wieder in einem richtigen Bett zu schlafen. Wir packen unsere Sachen aus und duschen erst mal. Dann macht Bernd ein Schläfchen und ich schreibe in mein Tagebuch. Später machen wir uns fertig und gehen noch mal in die Stadt, um uns nun in Ruhe die Kathedrale anzusehen. Von Außen ist sie für meinen Geschmack sehr überladen und ähnelt eher einem indischen Tempel, denn einer christlichen

Kirche. Ich mag eben diesen spanischen Barock-Stil nicht. Diese Fassade, *Obradoiro*, genannt wurde im 18. Jahrhundert der alten Kirche vorgesetzt. Dafür beeindrucken mich umso mehr die wenigen original erhaltenen romanischen Überbleibsel. Besonders gefällt mir das „Glorientor" (*Portico de la Gloria*) aus dem 12.Jahrhundert. Es ist ein großartiges Werk der Romanik mit mehr als 200 Figuren und einem thronenden Santiago im Zentrum. Auch hier, wie bei vielen anderen Portalen sind im äußeren Figurenkranz musizierende Engel dargestellt. Jeder ist in einer anderen Haltung und mit einem anderen Instrument zu sehen.

Im Inneren ist das Kirchenschiff der gewaltigste romanische Kirchenraum, den ich je gesehen habe. Hier hat man fast denselben Anblick den die Pilger im 12. Jahrhundert gesehen haben müssen. Nur die Seitenkapellen sind späteren Baustilen zuzuordnen. Wir sind beeindruckt von den vielen, künstlerisch sehr hochwertigen Zeugnissen der Kirchenkunst. Dann haben wir auch Gelegenheit, das ehemalige Hauptportal zu sehen. Hier befindet sich die berühmte Mittelsäule mir der Statue des sitzenden Santiago. Darunter, in der Säulenbasis, sieht man einen bärtigen Mann. Der unter jedem Arm ein Ungeheuer mit weit aufgerissenem Rachen hält. Um diese Säule rankt sich eine besondere Tradition. Seit dem frühen Mittelalter legt jeder Pilger seine rechte Hand an die Säule, berührt mit der Stirn den Kopf des Mannes und legt seine linke Hand in den Rachen des Ungeheuers. Die Legende sagt, dass der Mann der Baumeister Matteo sei. Wenn man seine Stirn mit dem Kopf berührt, erhält man seine Weisheit. Was es mit der Hand im Ungeheuer auf sich hat, habe ich nicht lesen können. Ich denke, es ist auch nicht so wichtig. Wir stellen uns in die kurze Schlange und sind nach wenigen Augenblicken an der Säule. Ich bin tief ergriffen, als ich meine Hand in die Vertiefung lege, die einer Hand ähnelt und von der Berührung der Millionen von Pilgern abgegriffen wurde. Der Marmor ist an dieser Stelle dunkel und speckig aber eigenartig, das anfängliche Gefühl von Ekel, das ich hatte ist auf einmal verschwunden. Auch meine evangelischen

Zweifel, meine religiöse Überheblichkeit, die ich noch am Vortag empfunden hatte, ist verschwunden. Hier, an diesem Ort, bin ich nur noch Teil einer jahrhundertealten Tradition. Hier verdichtet sich, was ich schon oft auf dem Camino dachte, ich bin ein Teil einer unendlich langen Kette von Menschen, die alle dieselben Erfahrungen gemacht haben. Ganz selbstverständlich lege ich meine Hand in die Vertiefung und spüre die Glätte und Kühle des Steines. Ganz selbstverständlich sinke ich in die Knie und lege meine Stirn an den Kopf der Figur. Und ebenso selbstverständlich lege ich meine linke Hand in den Rachen des Ungeheuers. Die Zeit steht.

Ich habe auf einmal Unendlich Zeit. Ich spreche ein Gebet, dasselbe das ich am *Cruz de Ferro* gesprochen habe. In diesem Moment bin ich wissend.

Ich weis bei der Berührung der Säule, das ich mich immer wieder so, wie ich mich dankbar an diese Säule anlehne, immer und überall an Jesus anlehnen kann. Nach dem langen Weg kann ich Ausatmen und zur Ruhe kommen. Ich bin am Ziel. Bei Jesus bin ich am Ziel. Weiter brauche ich nicht zu suchen.

Ich weis, als ich meinen Kopf demütig an die Säule lege, dass ich nie alle Weisheit erwerben kann und brauche. Diese Demut, zu wissen, das es reicht, das es genau richtig ist, wie ich bin, diese Demut kann ich von hier aus mit in mein Leben nehmen.

Ich weis, als ich meine Hand in die kalte Höhle des Rachens lege, nun niemals wieder befürchten muss, dass mich die dunklen Mächte der Bosheit und Finsternis verschlingen. Ich kann jederzeit meine Hand herausziehen, unversehrt und frei.

Als ich mich erhebe, durchströmt mich ein betörendes Glücksgefühl! Die Realität ist plötzlich wieder um mich herum. Ich höre das Gemurmel der vielen Menschen im Kirchenschiff, ich sehe, Bernd, der sich auch dem Ritual unterzieht. Ich sehe die alten Frauen, die mit dem Pilgerbus hierher gekommen sind, weil sie sich Linderung ihrer Leiden versprechen. So, angekommen im Hier und Jetzt, gehen wir weiter. Die Stadt ist eine Ansammlung von Kunstdenkmälern, Museen und Kirchen. Es gibt unendlich viele Bars, Läden, Restaurants und alle Gassen wimmeln von Menschen. Das Wetter ist sonnig und warm, so dass überall Freisitze zum Verweilen einladen. Auch wir setzen uns in ein Cafe und ich esse ein Stück der hiesigen Spezialität. Das ist eine *Tarte* mit Mandelfüllung, die nach dem Backen mit Puderzucker bestreut wird. In der Mitte ist eine Aussparung, in Form des Pilgerkreuzes.

An diesem Nachmittag gehen wir auch zum Busbahnhof, um alles für die Rückfahrt von Bernd zu erledigen. Er bekommt problemlos seine Buskarte bis nach München. Später schlendern wir noch durch die Stadt und ich suche in den verschiedensten Läden, bis ich meine Mitbringsel alle zusammen habe. Den Abend verbringen wir mit Bummeln und einem Abendessen in einem kleinen Restaurant. Wir sind hier die einzigen Gäste, da wir für spanische Verhältnisse sehr früh am Abend gekommen sind. Aber es schmeckt ausgezeichnet und wir genießen das „Touristenleben" Auf dem Heimweg in unser Quartier trinken wir in einer Bar noch ein Bier und einen *Soberano*, mit dem wir auf unser gelungenes Abenteuer anstoßen. Bernd hat ja den gesamten Pilgerweg in einem Stück zurückgelegt, das sind fast 800 Kilometer und ich habe in diesem Jahr 620 Kilometer zu Fuß zurückgelegt. Wenn das kein Grund zum Anstoßen ist!

Santiago de Compostela   01.05.05

29. Tag   01.05. 2005

Heute ist Sonntag und wir wollen zur Pilgermesse
gehen. Aber erst will ich mir einen lang gehegten
Wunsch erfüllen. Während unseres gemeinsamen
Weges sind mir in den verschiedenen Bars immer
wieder die vielen verschiedenen Süßigkeiten aufgefallen.
Leckere kleine Gebäckteilchen, die ich mir aber immer
versagte. Das hatte ich mir für Santiago aufgehoben.
Und nun ist es endlich soweit. Am Sonntagmorgen
schlendern wir wieder durch die Stadt, diesmal wollen

wir zum Bahnhof. Unterwegs schaue ich nach Läden aus, in denen ich kleine Geschenke für meine Daheimgebliebenen kaufen kann. In diesen Gassen reiht sich Laden an Laden. Es gibt alles, von Kleidung über Schuhe, bis zu Haushaltwaren und Souvenirs. Da es Sonntagmorgen ist, haben natürlich alle geschlossen. Alle, bis auf eine Konditorei in der man auch Kaffee trinken kann. Das merke ich mir vor, für den Rückweg. Dann gehen wir weiter zum Bahnhof, der ein schöner, Jugendstilbau ist. Auch ich habe Glück und bekomme meine Platzkarten ohne Probleme. Dann gehen wir zurück in die Stadt. In der Konditorei kaufe ich mir nun endlich meine Teilchen und wir machen ein gemütliches Sonntagsfrühstück. Anschließend bummeln wir durch die verwinkelten Gassen, zurück zur Kathedrale. Wir gehen hinein und ich bin wieder beeindruckt von der Größe des Gebäudes. Auch die vielen Seitenkapellen mit den Altären aus verschiedenen Bauepochen lasen mich die Zeit vergessen. Dann bemerken wir, dass sich die Kirche immer mehr füllt. So gehen wir in das Mittelschiff und finden gerade noch zwei Plätze für uns. Hier bleiben wir und beobachten wie immer mehr Menschen die Gänge füllen. Zwischendurch entdecken wir einige vertraute Gesichter von Mitpilgern, so die beiden Kölner, die Franzosen, die Holländerin und die junge Frau aus Südafrika. Dann geht eine Nonne zum Lesepult und spricht einige Worte auf Spanisch. Sie übt mit uns allen einen Choral ein. Es ist beeindruckend, wie sie ganz allein mit klarer Stimme die einzelnen Strophen vorsingt. Jetzt ist es ganz still in der Kirche. Immer wieder singt sie vor und fordert uns zum Nachsingen auf. Es ist eine schöne, alte Melodie. Sie prägt sich gut ein und es macht Spaß, so mit den vielen Menschen gemeinsam zu Singen.

Die Messe ist für mich ein unvergessliches Erlebnis. Was wir nicht wussten und ahnten, es wird der *Botafumeiro* hereingetragen. Das ist ein besonderes Ritual, das nur zu besonderen Festen veranstaltet wird. Und heute ist Sonntag und der 1.Mai. Vielleicht ist in Spanien der erste Mai auch ein Heiligengedenktag. Ich weis es nicht. Aber nun verfolge ich gespannt, wie es weitergeht. Mehrere Männer, alle in dunkelbraune Gewänder gekleidet, tragen den *Botafumeiro* herein. Das ist ein sehr großer, 50 Kg schwerer Messingkessel. Man könnte das Wort mit „Räuchertopf" übersetzen. Und das ist er auch, ein übergroßer Weihrauchkessel. Sie setzen ihn vor dem Altar ab. Dann wird ein Armstarkes Tau, das von allen unbeachtet von einer der Vierungssäulen zu einem Eisengestell oben in der Kuppel, führt, heruntergelassen. Daran wird nun der Kessel mit einem kunstvollen Knoten befestigt. Der Mann schlingt nun noch einen besonderen Strick um den Knoten, damit er sich wirklich nicht öffnen kann. Dann stellen sich alle in Positur und fassen an eines der Seilenden. Auf ein Kommando ziehen alle zugleich den Kessel in die Höhe. Er schwebt nun etwa einen Meter über dem Boden. Nun geht alles sehr schnell. Der Mann vor dem Altar gibt dem *Botafumeiro* einen gewaltigen Schwung. Ruckartig gehen alle zugleich in die Hocke und ziehen so den *Botafumeiro* in die Höhe. Da sich die Länge des Seils verkürzt, schwingt der Kessel nun weit aus. Als er wieder den tiefsten Punkt erreich hat wiederholen sie das Manöver. So geht das noch mehrere Male und jedes Mal schwingt sich der Kessel weiter in die Höhe. Am Ende saust er fast bis unter das Gewölbe des Querschiffs. Er rast knapp am Altar vorbei und schwingt sich auf der anderen Seite in die Höhe. Im ganzen Kirchenraum verbreitet sich nun der Weihrauchduft. Dazu beginnt die Orgel eine feierliche Melodie zu spielen und die Menschen singen den Choral, den wir zu Beginn geübt haben. Das alles ist so überwältigend, das mir die Tränen kommen. Hier bin ich nun, in der Kathedrale von *Santiago de Compostella*. Ich erlebe genau dasselbe, was Millionen Pilger vor mir erlebt haben. Es ist ein unfassbarer Augenblick. Das ist das Ziel. Jetzt ist der Weg zu Ende. Ich bin angekommen. Bei mir, bei Gott. Und gleichzeitig weis ich, das genau hier und jetzt mein eigentlicher Weg beginnt. Es wird mir klar, das nun der immerwährende Pilgerweg durch das Leben beginnt. Ich bin von nun an auf der Pilgerschaft. Alles ist vorübergehend, alles ist Herberge und Weg und alle Menschen sind mir Pilgerbrüder. Das Ziel ist mir klar, es ist das himmlische Jerusalem, das Sein in Gott. Es ist das, was die Kirchenväter mit der „Unio Mystica" meinten. Die mystische Gemeinschaft aller Gläubigen, die zugleich auch die mystische Gemeinschaft mit Gott ist.

Der *Botafumeiro* pendelt langsam aus, die Orgel verstummt und der Meister vor dem Altar ergreift den vorbeipendelnden Kessel und bringt ihn durch mehrere, geschickte Drehungen seines Körpers, zum Stehen. Spontan brandet Applaus auf. Es ist eine unerhörte Freude zu Spüren, die alle hier Anwesende durchdringt. Die Messe geht nun den gewohnten Gang, und ich habe Zeit, die Gedanken und Gefühle in meinem Inneren noch mal zu Ordnen.

Als die Messe vorüber ist, bleiben wir noch eine Weile in der Kirche. Wir sprechen nicht viel, jeder hat mit seinen eigenen Gefühlen zu tun. Irgendwann verlassen wir die Kathedrale und treten hinaus in den Sonnenschein. Wir finden ein Restaurant und ich esse einen Muschelteller. Danach gehen wir in unser Quartier und halten Siesta. Am Nachmittag packe ich meinen Rucksack und dann gehe ich allein in die Stadt, um noch einige Skizzen zu machen.

Doch langsam zieht sich der Himmel zu und als es zu Regnen beginnt, gehe ich wieder zurück. Wir liegen dann noch auf den Betten und reden lange über unsere Eindrücke. Die Pilgermesse hat auch Bernd sehr beeindruckt und da er auch persönliche Gründe hatte, auf den Pilgerweg zu gehen, war er, ebenso wie ich, sehr bewegt und aufgewühlt. Die Zeit, die wir gemeinsam Kilometer um Kilometer zurückgelegt haben, hat eben ein tiefgehendes Vertrauen und Verstehen in uns wachsen lassen. Daher nennen wir uns nun mit Recht Pilgerbruder.

Am Abend lässt der Regen nach und so gehen wir noch mal los, um eine Bar für ein letztes gemeinsames Essen zu finden. Nach einigem Suchen sehen wir durch ein Fenster alte Bekannte von Bernd. Es sind Pilger aus Westdeutschland, mit denen er Unterwegs eine Zeit lang gelaufen ist. Wir gehen hinein und finden bei ihnen noch zwei Plätze. So haben wir dann noch einen gemütlichen Abend mit gutem Essen, Bier und *Soberano*. Als wir zurück in unser Quartier kommen ist es schon spät, also gehen wir schnell zu Bett, denn Morgen ist ja Abreisetag.

30. Tag   02.05.2005

Gegen 7.30 Uhr klingelt der Wecker. Draußen wird es hell, aber es Regnet.   Also das richtige Wetter um Abzureisen. Da Bernd einen Tag später fährt, mache ich leise. Schnell ziehe ich mich an und packe meine Sachen in den Rucksack. Beim Zusammenrollen des Schlafsackes geht mir durch den Kopf, das ich diese lange vertrauten Bewegungen zum letzten Mal mache. Dann ist es soweit. Ich verabschiede mich von Bernd mit einer herzlichen Umarmung. Durch die lange Zeit, die wir miteinander Unterwegs waren, sind wir wirklich Pilgerbrüder geworden. Wir versprechen uns, auch Zuhause in Kontakt zu bleiben und uns zu besuchen. Dann schließe ich die Tür und gehe los.

Die Straßen sind noch menschenleer und es nieselt leicht. So wird mir der Abschied von Santiago leicht gemacht. Ich gehe durch die altvertrauten Gassen und plötzlich überfällt es mich siedend Heiß! Ich habe meinen Verpflegungsbeutel vergessen. Nach einem kurzen Blick auf die Uhr kehre ich um und haste zurück in unsere Unterkunft. Hier muss ich nun Klingeln und hoffen, das die Wirtin schon auf den Beinen ist. Sie meldet sich an der Türsprechanlage und lässt mich glücklicherweise ein. Ich stürme in unser Zimmer und sage einem Verschlafenen Bernd, was los ist. Für mehr bleibt mir keine Zeit. Mit meinem Beutel in der einen Hand und dem Pilgerstab in der anderen gehe ich nun schnell auf die Straße. Jetzt laufe ich in eiligem Schritt zum Bahnhof. Gut, das ich den Weg schon kenne. So erreiche ich Pünktlich den Bahnsteig. Doch nun muss ich fast eine halbe Stunde warten, da mein Zug Verspätung hat. Dann beginnt die längste Zugfahrt, die ich je erlebt habe. Kurz nach 9.00 Uhr beginnt meine Heimreise. Der Zug soll 20.35 in *Hendaye*, an der Atlantikküste ankommen. Dort sind über zwei Stunden Aufenthalt und dann geht es 23.10 mit dem TGV quer durch Frankreich, so dass ich am nächsten Tag, 6.00 Uhr in Paris sein werde. Hier muss ich mit der Metro von *Paris-Austerlitz* nach *Paris-Este*. Von diesem Bahnhof soll es dann 7.00 Uhr weitergehen, so dass ich 10.45 in Frankfurt/Main ankomme. Hier fährt dann ein ICE, der mich über Dortmund nach Leipzig bringen soll, wo ich 17.28 ankommen soll. Dann mit dem RE nach Altenburg, so bin ich dann 18.00 Uhr, nach 26 Stunden Bahnfahrt wieder in Altenburg.

Das ist mein Fahrplan, den ich mir aus dem Internet ausgedruckt habe. Doch nun geht es erst mal los. Ich schaue noch einmal auf die Türme der Kathedrale und sehe dann langsam *Santiago de Compostella* in den Regenschleiern versinken. Der Zug steigt nun stetig in die Galizischen Berge. Erst nur durch Hügelland, mit vielen Weinbergen und Weinspalieren. Später sehe ich noch mal viele Eukalyptuswälder und hier beginnt die Bahnstrecke eine ausgesprochene Bergstrecke zu werden. Ich fahre durch tiefe Einschnitte, durch viele kleine Tunnel und über unzählige kleine und große Brücken. Das Land ist fruchtbar und überall fließen Bäche rauschend zu Tal. Die Wälder werden dichter und es scheint mir fast wie Zuhause, im Erzgebirge auszusehen. Der Zug fährt nun lange Zeit in einem Flusstal. Mal fließt er rechts, dann nach einem Tunnel wider links vom Gleis. Der Fluss gräbt sich immer tiefer in die Berge ein und dann, wieder nach einem langen Tunnel ist es ein Stausee, an dem wir entlang Fahren. Die Landschaft ist hier wunderschön und die Spiegelungen der Wälder im klaren Wasser erinnern mich an Bilder von Kanada. Am Ende des Stausees verengt sich das Tal immer mehr. Der Zug windet sich weit oben an den Felswänden entlang und unten ist der

Fluss nun ein Wildwasserbach geworden. Nach unendlich vielen Kurven und Windungen erreicht die Strecke eine Hochebene. Der Wald bleibt plötzlich zurück, der Fluss ist verschwunden und der Zug fährt über eine trockene Steppenlandschaft. Ich bin erstaunt über den schnellen Wechsel der Landschaft. Hier verschwinden nun die Wolken und die Sonne scheint. In einer mittelgroßen Stadt hält der Zug längere Zeit, da hier eine Spitzkehre ist. Das heißt, der Zug fährt in den Kopfbahnhof ein und nach Lokwechsel, in dieselbe Richtung aus. Dann zweigt das Gleis in eine andere Richtung ab. Hier ist die Landschaft ganz anders. Es beginnen wieder Hügel und Berge aufzutauchen, aber sie sind spärlich bewachsen, meist mit Heidekraut und Ginster. Bäume fehlen fast ganz. Hier fahren wir an den Resten einstiger Kohleminen vorbei. In allen Berghängen sind Löcher zu sehen, als ob Mäuse darin gewühlt hätten. Das müssen alles kleine privat betriebene Minen gewesen sein. Später ist wieder mehr Wald zu sehen und das Land wird grüner. So erreichen wir *Ponferrada.* Ich kann vom Zug aus die Brücke sehen, über die ich mit Bernd gelaufen bin. Wie lange scheint das her zu sein! Dann, beim Weiterfahren werfe ich noch einen Blick auf die Templerburg. Nun ist es nicht mehr lange und wir nähern uns *Astorga.* Ich bin ganz aufgeregt, als ich den Bahnübergang sehe, über den wir damals liefen. Und es stehen doch sogar zwei Pilgerinnen mit Regenponchos und Pilgerstäben auf der Straße! In Gedanken wünsche ich ihnen „Ultreia".

Wir fahren nun durch Hügelland und die altbekannten Weinfelder. Ab jetzt achte ich immer auf die Landschaft, um eventuell noch einen Blick auf den Camino zu erhaschen. Kurz vor *Leon* läuft der Pilgerweg fast parallel zur Bahn. Ich erkenne alles wieder. Sogar die Kathedrale kann ich erkennen. Weiter und immer weiter rast der Zug nun, durch die Weiten der *Meseta.* Und dann sehe ich die unendliche Baumreihe. Das ist der Camino, das sind die neu gepflanzten Bäumchen. Hier habe ich mich durch den ständigen Sturmwind gequält. Ich erkenne *El Burgo Ranero* und *Terradillio de las Templarios.* Und ich sehe kleine Menschengestalten die gegen den Wind kämpfen. Und dann ist es vorbei.

Der Zug fährt in die Berge und ich fahre mit ihm nach Hause. Die Pilger gehen ihren Weg und ich gehe nun auf meinen neuen Pilgerweg. In Santiago wurde es mir klar und hier bestätigt es sich mir erneut. Jetzt beginnt mein eigentlicher Pilgerweg. Jeder tag ist eine Etappe, von Herberge zu Herberge. Mit Bekanntschaften und Freundschaften. Doch alles bleibt zurück. Nichts ist von Dauer. Ultreia!

In den Bergen windet sich der Zug wieder durch die Täler und fährt durch viele Tunnel. Ich habe von Anfang an mitgezählt und komme in *Hendaye* auf die beachtliche Zahl von 135 Tunnels! Nachdem der Zug durch einen Canon mit steilen Kalksteinwänden gefahren ist. Beginnt der Abstieg zum Golf von Biskaja. Das Baskenland ist stark besiedelt. Überall sind Dörfer und kleine Städte zu sehen. Es gibt viel Industrie, Eisenhütten und Wasserkraftwerke. Je weiter wir dem Meer kommen, umso zersiedelter wird das Land. Die Städte werden immer größer und gehen fast nahtlos ineinander über. Dann erreichen wir *San Sebastian*, die große Hafenstadt am Atlantik. Es ist auch ein bekannter Badeort und zieht Touristen aus aller Welt an. Vom Zug aus sind einige der wunderschönen Jugendstilgebäude zu erkennen. Der Zug fährt direkt am Hafen vorbei und ich kann keine hundert Meter neben dem Gleis ein großes Frachtschiff sehen. Und dann ist der Zug schon in *Hendaye.* Das ist der Grenzort zwischen Spanien und Frankreich. Ich steige aus, gehe durch einen Personentunnel und bin plötzlich in Frankreich! Im Bahnhof stelle ich mich mit einigen anderen Pilgern in eine Schlange vor dem Schalter für die Platzkarten. Problemlos erhalte ich hier meine Karten für den Zug nach Paris und für die Fahrt nach Köln. Glücklich, das alles so gut geklappt hat, gehe ich nun in ein kleines Bistro, auf dem Bahnhof. Hier mache ich es mir mit einem großen Salat und einem Baguette gemütlich. Draußen geht indessen ein ungeheurer Wolkenbruch nieder. Es ist stockdunkel und der Regen gießt wie aus Feuerwehrschläuchen! Doch eine Stunde später ist alles wieder vorbei und als ich zu meinem Zug gehe, kann ich die Sterne sehen. Ich suche meinen Platz und verstaue mein Gepäck. Es sind Liegesessel, die sich ähnlich wie im Flugzeug, in eine Schlafposition bringen lassen. Während ich mir auf dem Bahnsteig noch die Beine vertrete, füllt sich mein Wagen mit indisch aussehenden jungen Männern. Als wir dann abfahren, brauche ich mir um eventuellen Schlaf keine Gedanken mehr zu machen. Sie reden alle zugleich, ununterbrochen aufeinander ein. Doch dann, gegen 23.00Uhr ist schlagartig Ruhe und so komme ich doch noch zu meinem Schlaf. Es ist zwar sehr ungemütlich, für Jemanden mit meiner Größe, denn ich muss immer wieder meine Beine sortieren, aber besser als in einem normalen Abteil ist es allemal.

31. Tag   03.05.2005

Gegen 5.00 Uhr kann ich dann nicht mehr schlafen und so gehe ich in den Waschraum und mache eine Katzenwäsche mit Zähneputzen. Draußen wird es langsam hell und so stelle ich meinen Sitz wieder gerade und schaue aus dem Fenster. Die Dörfer und Kleinstädte kommen in immer dichterer Reihenfolge an meinem Fenster vorbei. Und dann, ganz unmerklich sind wir in den ersten Vororten von Paris. Pünktlich auf die Minute, 6.00 Uhr erreicht der Zug den Bahnhof Paris-Austerlitz. Nachdem ich meinen Rucksack wieder auf dem Rücken habe und meinen Pilgerstab in der Hand, erkunde ich erst mal den Bahnhof. Nach einigem Umherirren entdecke ich einen Übersichtsplan der Metro. Nun ist alles ganz leicht. Die Metro ist sehr gut Beschildert und da ich weiß, dass ich mit der Linie 5 in Richtung Paris-Versailles fahren muss, kann ich mich leicht orientieren. Es geht mit Rolltreppen, mehrfach durch gewundene Gänge, in die Tiefe. In einer Zwischenebene ist ein Verkaufsstand für Fahrkarten und ich erhalte hier meine Tickets. Dann bin ich endlich auf dem Bahnsteig und schon kommt der Zug. Ich komme mir zwar sehr deplaziert vor, mit meinem Pilgerstab, aber hier in der Großstadt, beachtet mich Niemand. An der Station Paris-Este, steige ich aus und fahre wieder mit den Rolltreppen nach Oben. Nachdem ich mich vergewissert habe, wann und wo mein Zug nach Frankfurt/Main fährt, suche ich mir einen Platzkartenschalter. Nach einigem Anstehen bringe ich mein Anliegen in Englisch vor. Aber die Angestellte versichert mir mehrmals, dass ich für diesen Zug keine Platzkarten benötige. So will ich ihr denn glauben und nun bummle ich über den Bahnhof. Ich habe noch Zeit, gehe in ein kleines Bistro und nehme ein typisch französisches Frühstück zu mir; zwei Hörnchen und ein Cafe` au lait. Nachdem ich auf dem Vorplatz noch etwas Pariser Luft geschnuppert habe, gehe ich zu meinem Bahnsteig, wo der ICE schon bereitsteht. Ich finde einen schönen Fensterplatz und kann auch meine Pilgersachen verstauen. Die Fahrt nach Frankfurt verbringe ich mit Tagebuch schreiben und mit Zeitung lesen. Denn in Paris- Este konnte ich mir doch tatsächlich einen aktuellen Stern kaufen! Die erste deutsche Zeitung seit vier Wochen. Der Blick aus dem Fenster wurde dann erst wieder bei der Durchquerung der Ardennen interessant. Die Landschaft mit den vielen, bewaldeten Bergen und den engen, dicht besiedelten Tälern ist sehr reizvoll. Doch meine Gedanken gehen auch immer wieder in die leidvolle Vergangenheit, die diese Gegend in den beiden letzen Weltkriegen zu ertragen hatte.

Dann dauerte es nicht mehr lange, bis ich die bekannte Skyline der Frankfurter City sehe und der Zug mit nur Fünf Minuten Verspätung in den Bahnhof einfährt. Gleich am Gleis gegenüber wartete der ICE nach Leipzig. Auch hier habe ich sehr großes Glück, denn ich komme in einen Platzkartenfreien Wagen. Im Eingangsbereich kann ich meinen Rucksack und den Pilgerstab abstellen. Dann habe ich eine gute Fahrt durch Deutschland und bin pünktlich gegen 17.00 Uhr in Leipzig. Hier laufe ich noch mal als Pilger über den Bahnhof zu meinem Bahnsteig. Die Regionalbahn bringt mich pünktlich nach Altenburg, wo ich 18.07

Uhr ankomme. Ich setze zum letzten Mal meinen Rucksack auf, schnalle den Bauchgurt fest und nehme meinen Pilgerstab fest in die Hand. Langsam und nachdenklich laufe ich nun über die vertrauten Straßen meiner Heimatstadt. Ich steige die Treppen zu meiner Wohnung hoch und werde von meinen Kindern herzlich empfangen. Nach einigem Erzählen und Austausch von Neuigkeiten habe ich nur noch einen Wunsch, ins Bad! Nach Zwei Tagen Bahnfahrt, immer in derselben Kleidung kann ich es kaum noch erwarten. Dann liege ich in der Wanne, das hatte ich mir unterwegs so oft gewünscht...

So ist nun mein Pilgerweg

Zu E N D E

CAPITULUM hujus Almae Apostolicae et Metropolitanae Ecclesiae Compostellanae sigilli Altaris Beati Jacobi Apostoli custos, ut omnibus Fidelibus et Peregrinis ex toto terrarum Orbe, devotionis affectu vel voti causa, ad limina Apostoli Nostri Hispaniarum Patroni ac Tutelaris **SANCTI JACOBI** convenientibus, authenticas visitationis litteras expediat, omnibus et singulis praesentes inspecturis, notum facit Dnum *Emmanuelem Kunze* hoc sacratissimum Templum pietatis causa devote *visitasse.* In quorum fidem praesentes litteras, sigillo ejusdem Sanctae Ecclesiae munitas, ei confero.

Datum Compostellae die 30 mensis *Apilis* anno Dni 2004.

Secretarius Capitularis

Die berühmte Compostella. Die Urkunde, als Beweis für meine Pilgerreise.

194

Das Domkapitel dieser segenspenden apostolischen und bischöflichen Kirche zu Compostella, Hüterin des Altarbildes des seligen Apostels Jacobus, verleiht die authentische Urkunde des Besuchs und gibt allen Gläubigen und Pilgern, die aus dem ganzen Erdkreis aus Gottergebenheit oder um eines Gelübdes willen zu den Toren unseres heiligen Apostels der Spanier und in den Schutz **des heiligen Jacobus** kommen als gegenwärtigen und künftigen Beweis bekannt:

Manuel Kunze

hat zum zweiten Mal diesen allerheiligsten Tempel aus (dem Grunde der) Frömmigkeit mit Ergebenheit besucht. Im Vertrauen darauf verleihe ich ihm diesen mit dem Siegel ebendieser heiligen Kirche beurkundeten Brief.

Gegeben zu Compostella am 30. Tage des Monats April im Jahre des Herrn 2004.

Die Übersetzung der Compostella.

Hier irrte die Studentin, denn es war ja 2005!

195

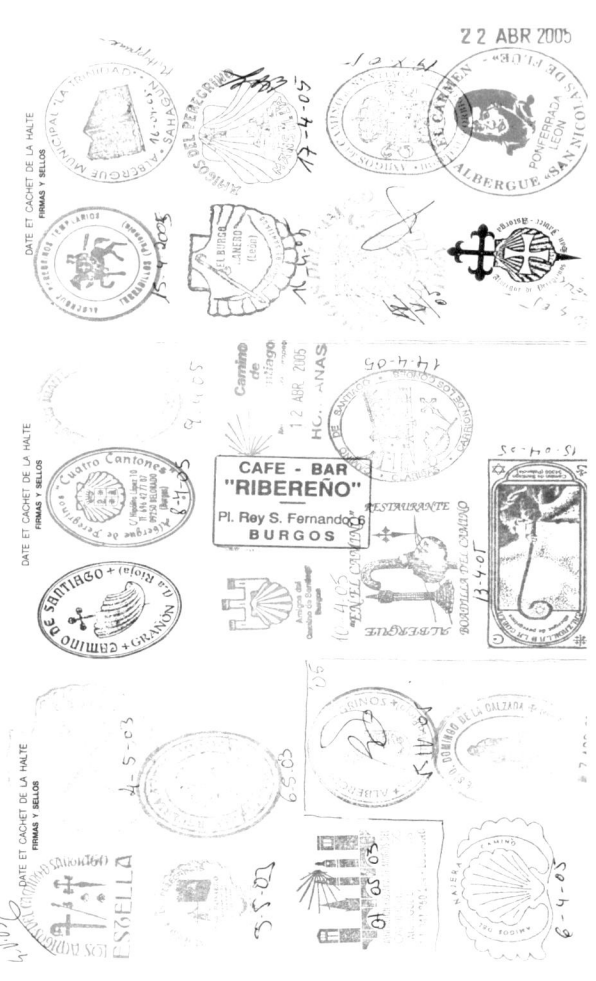

Ein Ausschnitt aus meinem Pilgerausweis.

Verwendete Literatur

Paulo Coelho, Auf dem Jacobsweg, Diogenes ,1999

Kurt Benesch, Santiago de Compostella, Als Pilger auf dem Jacobsweg, Herder, 2004

Paolo Caucci von Saucken Hrsg. ,Santiago de Compostella, Pilgerwege, Bechtermünz Verlag, 1996

Arnhild Ratsch, Zu Fuß nach Rom, Wartburg Verlag, 2004

Notizen

Notizen

Notizen